7日間で英語が
ペラペラになる

カタカナ英会話

ネイティブスピーキング
コンサルタント
甲斐ナオミ

Gakken

「カタカナ」を読んでネイティブ気分になり、英語を大好きになろう!

　世界の共通語である英語。多くの日本人は「英語をペラペラ話せたら便利だろうな〜。カッコいいだろうな〜」と思っているはず。

　しかし、学生時代から英語を学びつづけ、社会人になってからも英会話スクールに通ってみたり、さまざまな英語の教材を使って話せるように「努力」しているのに、なかなか思うように上達しない…。そんな人がほとんどではないでしょうか。

　もちろん、「英語はコミュニケーションのツールなんだし、ヘタでも通じればいい」と、頭ではわかっていても、「どうせならネイティブっぽく話してみたいよなぁ」と思ってしまう気持ちはわかります。英語を流暢に話している人を見ると、カッコよく見えますよね。

　では、なぜ、日本人はこんなに勉強しているのに、英語が話せるようにならないのでしょう?

　英語が話せないのは「才能」の問題ではありません。**やり方を「ちょっぴり」工夫すればいい**ことなのです。そもそも、あまり結果の出ない学習法を続けていても、そのうちモチベーションも下がって、あきらめてしまいます。

　では、モチベーションを下げない英会話学習法って、なんだと思いますか?

それは「形から」入ること。

　たとえば、スポーツを始めるとき、道具やウェアをプロっぽいもので
そろえたら、なんとなく気分が上がり、うまくなったような気がしま
すよね。やる気も出てきます。
　あるいは、大事なミーティングの日にとっておきのスーツでビシッと
決めたり、ヘアサロンでキレイになったりすると、急に「デキル人」になっ
た気分になりませんか?

　英会話もそれと同じ。まずは「形から入ること」が重要なのです。
　いつかカッコよく英語が話せるようになることを夢見ながら単語
や文法を一生懸命覚えるのではなく、**最初にやるべきは、「え?
今の発音、ネイティブっぽい!」とまわりから驚かれるような、カッ
コいい発音で英語を話せるようになること**です。

　「ネイティブっぽく話せるなら、苦労しないよ…」なんて声が聞こえ
てきそうです。それが、**誰でもカンタン**にできてしまうのです。あ
の「わかりにくいんだよなぁ」と悪名高い(?) 発音記号もいっさい使
いません。
　それが、本書で提案する**「カタカナ発音法」**。**そのまま読むだ
けで、ネイティブに近い発音で、カッコよく話せるようになります。**
そのうちに自信がついて、モチベーションがどんどん上がり、もっと
勉強したいと思うようになります。

ちょっと試してみましょうか。次の英語を、声に出して読んでみてください。

Got it!（わかった！）

「ゴット イット」？　いえ、こう読みます。

ガレ！

ね？　ネイティブっぽいでしょう？　次はどうでしょうか。

I don't know.（知らない）

　読みましたか？　英語になじみのないほとんどの人は「アイ ドント ノウ」と読んでしまいます。がんばっても「アイ ドンノウ」。でも、ネイティブ発音は根本的に違います。正解は、

アロンノウ

「あっ、なんか私の発音、ネイティブっぽい！」と感じませんか？　もう1つやってみましょう。次の英語を読んでみてください。

I need a taxi.（タクシーを呼びたい）

　なんと読みましたか？　「アイ ニード ア タクシー」ですか？　いえ、

これは

アニーラ　タークスィ

と読むと、とたんにネイティブっぽくなります。カンタンでしょう？　さらにアクセントをつけると、カンペキです。カナダ生まれ、カナダ育ちの私が聞いても「うわ、うまい！」と驚いてしまいます。

　本書に書かれたカタカナ表記を読んでいくうちに、「へぇ〜、ネイティブにはこんなふうに聞こえているんだ！」とさまざまな気づきもあるはず。すると、**聞こえ方まで「ネイティブ耳」に近づいてきて、どんどん上達します。**

　本書では、日常英会話でもっともよく使う31のフレーズを厳選し、そのフレーズを使ったシンプルな文章だけを紹介しています。紹介した英文が、より定着するための工夫も盛り込んでいます。毎日1フレーズ覚えてもひと月でマスターできますし、**ちょっとがんばれば、なんと1週間でマスターできてしまいます！**

　あなたがするのは、「カタカナを読む」ことだけ。さあ、ネイティブの世界をぜひ一緒に体験しましょう！

2023年12月吉日　甲斐ナオミ

本書の使い方

1. 例文を見ながら、カタカナ表記を読む。

カタカナ表記の読み方は「発音ルール」を参考にしてください。

2. 例文を見ながら、音声を聞く。

これはネイティブ英語の「リズム」と「高低」を確認するためです。英語のリズムは強（強く、長く、はっきりと）と弱（弱く、短く、あいまいに）からなります。強で発音するのは通常、文の情報を伝える上で大事な言葉、そうでない言葉は弱く発音されます。

3. 音声を聴きながら、カタカナ表記をもう一度読んでみる。

英語の「リズム」をなるべくマネしてみましょう。

各パターンの例文で練習したあと、
穴埋めフレーズ問題（Q&A）にも挑戦してみましょう！

発音ルールをマスターしよう♪

カタカナを読むだけ！
日本人の発音が
「一瞬」でネイティブ発音に変身！

「アニョ」ん？ 韓国語？

「ヨミーォ」え？ イタリア語？

「ハーカッ」!?

「アホゥ」!?

「ビンタ」!?

英語とどう関係があるの？ と思っているあなた！

実は、**全部本書に登場するカタカナ表記**です。

　世界の共通言語になっている英語。ほかにたいした特技がなくても、英語が話せるとなぜか「すごい」人になる。そしてできれば発音もネイティブ並みのキレイな発音で話せたらいいなーと思う日本人も多いはず。

　しかし、日本語と英語の発音は根本的に違うため、いくらがんばっても、なかなかネイティブの発音が習得できないと思わせてしまうのが英語。どこからどこまでが１つの単語なのかがわかりづらく、全部つながって聞こえてしまいます。

　これはアメリカ人やカナダ人のネイティブは実は舌足らずで、話すときにかなり「はしょる」からなのです。

そこで、「はしょり」や「つながり」を逆手にとり、それをカタカナにすることで「まるでネイティブ」な音になるメソッドを考えました。一瞬、え？と思うカタカナ表記もたくさんありますが、これは**教材の音声などのゆっくり、はっきりと話す英語と、ネイティブ同士が話すスピードの英語とで、聞こえ方がまったく違うから**なのです。

本書は、通常のネイティブ同士の会話を、カタカナで表記しましたので、読むだけでネイティブの耳にはスッと入るはず。本書のカタカナ表記はネイティブ発音の習得を手助けする、言わば道案内役です。

また、**日常英会話で頻出するパターンを31パターンに厳選**し、これらのパターンを使った例文で練習することにより、**基本的な会話はカバーできる**ように工夫してあります。

まずは短い文章で言いやすい「Let's talk!」を繰り返し練習してみましょう。ネイティブ音にだんだん慣れてきて、ネイティブの「クセ」に気づくはず。発声しているうちに、英語を聞きとる耳も育っていきます。
さらに、レベルアップしたい人のために、「more phrases」も用意しました。短文で慣れてきたら、少し長い文章にも挑戦してみましょう。

さて、カタカナ表記を読むにあたり、共通の「発音ルール」をここで紹介します。

文字サイズが大きい箇所は「強く」発音する。

例　　レミ　　**ヘオ**ピュ
Let me help you.
手伝わせて。

強く発音する音の前後は、基本的に弱く発音する。

例　　アハヴ　**タ**ィン◁▷
I have time.
時間がある。

語尾が「m」または「m」のあとに子音がくる場合、口を閉じて音を出す。
「m」のあとに◁▷のマークがある箇所は、口を閉じて軽く音を出しましょう。

例　　ア**ニ**ーッ　スン◁▷　**カ**ーフィー
I need some coffee.
コーヒーが飲みたい。

語尾が「p」「b」または「p」「b」のあとに子音がくる場合、口を閉じる。
「p」「b」のあとに◁▷のマークがある箇所は口を閉じましょう。

例　　アニーラ　　マッ◁▷
I need a map.
地図が必要。

発音ルール 5

語尾が「k」「t」「g」「d」または「k」「t」「g」「d」のあとに
子音がくる場合、サッと消して「ッ」と置き換えることが多い。

例　　ハウ　　バウッ　　**デイス**
How about this?
これはどう?

発音ルール 6

「nd」と「nt」の後に母音 (y含む) がくる場合、
「t」と「d」は消えて「ナ」行で発音する。

例　　アン◁▷ガナ　　スペナ　　イーァイン　　**ジュァームニ**
I'm gonna spend a year in Germany.
ドイツで一年過ごす予定。

「d」「t」の前後に母音（y含む）がくる場合、
「ラ」行で発音する。

例　　ア**ラ**ィッ　　タスタリ　**イ**ングリッシュ
I like to study English.
英語を学ぶのが好き。

語尾が「tion」または「sion」の場合、
「シュン」「チュン」または「ジュン」と発音する。。

例　　アハフタ　　　ファイナ　ソ**ル**ーシュン
I have to find a solution.
解決策を見つけなくてはいけない。

「tr」は「チュ」と発音する。

例　　**ド**ン　　　テイッダッ　チュ**エ**イン
Don't take that train.
その電車は違うよ。

「dr」は「ジュ」と発音する。

※本書では単語によっては、後ろにくる単語や文章の長さによって、その単語の発音が多少変わったりすることもあります。ネイティブが聞き取りやすいカタカナ表記を選びました。

例　　ドン　　ジュ**イ**ンッ　ダッ
Don't drink that.
それを飲んではだめ。

レベルアップ発音 1

無声音「th」は舌先を軽く歯で挟んだまま
「サ・シ・ス・セ・ソ」と言ったときに出る音です。

※発音するときには、下唇を少しかみながら、「f」のようなイメージで発音します。舌先を軽くかんで「サ行」を発音するのが本来は正しいのですが、下唇を少しかみながら発音する「f」のほうが日本人には出しやすく、ネイティブの耳にも「th」に近い音で聞き取れるので、本書では「th」→「f」に置き換える方法を採用しています。

例　　アハフタ　　ドゥー　スン👄 **フ**ィングズ
I have to do some things.
いくつか用事を済ませないといけない。

レベルアップ発音 2

有声音「th」は舌先を軽く歯で挟んだまま
「ダ・ジ・ズ・デ・ド」と言ったときに出る音です。

※本書では基本的に「ダ」行のカタカナで表現しています。

例　　ハウ　　バウッ　　**デイス**
How about this?
これはどう?

レベルアップ発音 3

「r」は口を少しすぼめた状態から始め、舌先を上顎に近づけ、
「ラ・リ・ル・レ・ロ」と言ったときに出る音です。

※本書では単語が「r」で始まる場合、「ラ」行や「ルェ」や「ルィ」などと表現し、単語の中に「r」が登場する場合、「ラ」行や「ウェ」や「ウィ」と表現しています。

例　　アロンノウア　　　　グッテン**プ**ーラ　　　**ル**ェストゥラーン
I don't know a good tempura restaurant.
おいしい天ぷら屋を知らない。

さあ! ではさっそくカタカナ発音を読んで
ネイティブになった気分を味わいましょう!

『7日間で英語がペラペラになる カタカナ英会話』もくじ

DAY 1

お礼を言う

フェンキュ　フ
Thank you for…

〜をありがとう

謝罪する

アン　サーウィ
I'm sorry…

〜をごめんなさい

許可を求める/お願いする/能力があるか尋ねる

ケナイ　　/　　ケニュ
Can I / Can you

〜してもいい? / 〜できる?

DAY 2

DAY
3

DAY 4

DAY 6

DAY 7

🎧 音声のご利用方法

　本書のレッスン音声および例文音声は、次の1〜3の方法で再生することができます。

1 スマホでQRコードを読み取り、ブラウザ上で再生する

　各レッスンページに記載された「🎧 聞いてみよう!」の表記の上にあるQRコードをスマホなどで読み取ると、該当するレッスン音声および例文音声をブラウザ上で再生することができます。

2 音声再生アプリで再生する

　右のQRコードをスマホなどで読み取るか、下のURLにアクセスしてアプリをダウンロードしてください。ダウンロード後、アプリを起動して『7日間で英語がペラペラになる　カタカナ英会話』を選択すると、端末に音声がダウンロードされます。

https://gakken-ep.jp/extra/myotomo/

3 MP3形式の音声ファイルを ダウンロードして再生する

　下記のURLにアクセスし、ページ下方の【語学・検定】から『7日間で英語がペラペラになる カタカナ英会話』を選択すると、MP3形式の音声ファイルがダウンロードされます。

https://gakken-ep.jp/extra/myotomo/

●利用上の注意点
　お客様のネット環境およびスマホやタブレット端末の環境により、音声の再生やアプリの利用ができない場合、当社は責任を負いかねます。また、スマホやタブレット端末へのアプリのインストール方法など、技術的なお問い合わせにはご対応できません。ご理解をいただきますようお願いいたします。

DAY 1

Lesson1
お礼を言う

Lesson2
謝罪する

Lesson3
許可を求める/お願いする
能力があるか尋ねる

Lesson4
要求する

Lesson 1 お礼を言う

フェンキュ　フ
Thank you for …
〜をありがとう

聞いてみよう！

お年寄りに手を貸してあげた。

フェンキュ　　フィヤ　　ヘォッ
Thank you for your help.
助けてくれてありがとう。

POINT!

- 「Thank you for」の「for」は「フ」と発音するが、「for」のあとに「y」から始まる単語が来たときは「フィ」と発音する。
- 「help」の最後の「p」の音の後ろに母音がないので、「ヘォッ」のあとはくちびるを閉じるだけ。
- 語順は「Thank you for+目的語（名詞・動名詞）」が基本。

Let's talk!　使ってみよう!

フェンキュ　フダ　**ギ**ッフ
Thank you for **the gift.**

「t」は発音しないでOK

お土産をありがとう。

❶ 親しい人への贈り物は「present」、よりフォーマルな贈物は「gift」を使う。

フェンキュ　フダ　プ**エ**ズン
Thank you for **the present.**

プレゼントをありがとう。

❶ 「贈り物」の「present」は「プ**エ**ズン」だが、「発表する」の意味のときは「プィ**ゼン**」と発音が変わる。

フェンキュ　フ　**エ**ヴィフィン
Thank you for **everything.**

いろいろありがとう。

❶ いろいろとお世話になったときに、このフレーズを使うと喜ばれる。

フェンキュ　フィヤ　アンドゥス**タ**ンディン
Thank you for **your understanding.**

ご理解ありがとう。

❶ 普段でも使えるが、ビジネスシーンでも頻出する便利フレーズ。駅や空港などでお客様を待たせたあとは「Thank you for your patience.」(**フェン**キュ フィヤ **ペ**イシュンス)をよく使う。

フェンキュ　フディ　アッ**ヴァ**イス
Thank you for **the advice!**

「d」は発音しない

アドバイスをありがとう!

こんなときなんて言う?

❶ 手を貸してくれた。

☐ ☐ ☐
☐ concern.

気遣いありがとう。

❷ 道を教えてくれた。

☐ ☐ ☐
☐ information!

教えてくれてありがとう!

❸ 席をゆずってくれた。

☐ ☐ ☐
☐ kindness!

親切にありがとう!

**❹ バスの発車を
待ってくれた。**

☐ ☐ ☐
☐ waiting!

待ってくれてありがとう!

A 正解はこちら。

フェンキュ　フィヤ　クン**ス**アーン
Thank you for **your concern.**

気遣いありがとう。

❶ 似た意味で「Thank you for asking.」がある。直訳すると「尋ねてくれてありがとう」という意味で、体調や様子などを心配してくれて声をかけてくれたときによく使う。

フェンキュ　フディ　インノ**メ**イシュン
Thank you for **the information!**

> 「ション」よりも「シュン」で

教えてくれてありがとう!

❶ 語尾が「tion」の場合、「シュン」と発音する。

フェンキュ　フィヤ　**カ**インネス
Thank you for **your kindness!**

> 「d」の音は消える

親切にありがとう!

❶ 「kindness」にある「d」の破裂音の後に子音がくるので「d」は消える。

フェンキュ　フ　**ウエ**イリン
Thank you for **waiting!**

待ってくれてありがとう!

❶ 「waiting」の「ting」、イギリス発音だと「ティン」と発音するが、アメリカ英語では「リン」と発音する。

フェンキュ　　ヴェウィ　**マ**ッチュ

❶ Thank you very much.

どうもありがとう。

❶ 初対面や目上の人など丁寧な対応が必要なときに使う。

フェンキュ　　**ソ**ゥ　マッチュ

❷ Thank you so much.

どうもありがとう。

❶ 家族や友人など距離感が比較的近い人に対して使う。

フェンクサ　　**ミ**リゥン

❸ Thanks a million.

どうもありがとう。

❶「million」は「百万」のこと。友人などに心のそこからありがとう! と伝えたいときに使う。

アン**ソ**ゥ　グエイッフォー

❹ I'm so grateful.

本当に感謝している。

❶「Thank you for ~」と同様、「I'm so grateful for ~」のあとに感謝の内容を入れるのでもよい。

ァ**ウィ**ーリ　　アプ**イ**ーシエリッ

❺ I really appreciate it.

本当に感謝しているよ。

❶ 相手に何か手伝ってくれたとき、またはお世話になったときに使うというニュアンス。

ァ**ク**ルナヴ　　　　ダネッ　　　ウィ**ダ**ゥチュ

❻ I couldn't have done it without you.

うまくいったのはあなたのおかげだよ。

❶「ありがとう」だけでなく、相手のおかげでことがうまく進んだと伝えたいときに使う。

ァ**オ**ーュ　　ワン

❼ I owe you one.

この恩はいつか返すよ。

❶ 相手のおかげでかなり助かったときに使う。

ユジャス　　メイッ　　マイ　**デ**ィ

❽ You just made my day!

おかげさまでいい1日になったよ!

❶ 相手のおかげですばらしい日になったという感謝の気持ちを伝えたいときに使う。

9 プリーザックセッ　マイ　**ディ**ープス　グアーリチュ─ッ
Please accept my deepest gratitude.
心から感謝いたします。
❶ とてもフォーマルな表現。

---

10 ァ**キエ**ーン　フェンキュ　イナッフ
I can't thank you enough.
感謝しても感謝しきれません。
❶ どちらかというとカジュアルですが、フォーマルな場面でも可能。

---

11 ダッツ　**ソ**ー　カイノヴュ
That's so kind of you.
ご親切にありがとうございます。
❶ 「kind」は名詞だと「種類」という意味だけど、形容詞だと「親切な」という意味になる。

---

12 フェンキュ　フ　テイキンダタイン⇔　タ**ドゥ**ー　ディス
Thank you for taking the time to do this.
この度はお時間をいただきありがとうございました。
❶ 相手に何か具体的なことをしてくれて、その礼を言うときに使う。

---

13 ディス　ミーンズダ　**ウア**ール　トゥミ
This means the world to me.
これは私にとって本当にすごいことです。
❶ これ以上の感謝がないほど感謝していると伝えたいときに使う。

---

14 メニ　**フェ**ンクス
Many thanks.
どうもありがとう。
❶ メールの結びの言葉としてよく登場する感謝の言葉。

---

15 アン⇔　ビ**ヨ**ーン　グエッフォー
I'm beyond grateful.
言葉で言い尽くせないほど感謝しています。
❶ 「beyond」とは「〜を超えて」という意味。

---

16 ュ　**シュ**ルンッ　ハヴ
You shouldn't have.
わざわざありがとう。
❶ 「そんなにお気遣いしてくれなくてもよかったのに」というニュアンス。カジュアルなシーンで使う。

Lesson 2 謝罪する

アン😚**サーゥィ**

I'm sorry …

～をごめんなさい

聞いてみよう！

人にぶつかってしまった。

アン😚**サーゥィ**
I'm sorry!

ごめんなさい！

POINT!

- 「m」の音の後ろに母音がないときは、くちびるを閉じて軽く音を出すだけ。「アン😚」でも「アイン😚」でもOK。
- ネイティブは「I'm sorry」の前に「Oops!（ウップス）」を添えることがよくある。ちょっとしたミスをおかしてしまったときに「あ！」や「おっと！」のようにとっさに出てくる言葉と同じ。深刻な状況のときには使わない。

Let's talk!　使ってみよう!

アン⤷ **サ**ーウィ
I'm sorry …。
「m」のあとは口を閉じる

ごめんなさい…。(やさしく断るとき)
❶ やんわりと断るときには「sorry」は下がる。

ティッ　バス　　ナンブ　**フ**ァィヴ　**サ**ーウィ **ス**ィックス
Take bus number 5, sorry, 6.
「k」の音は消え、「テイッ」になる

5番バス、あ、違う、6番バスに乗って。

アン⤷ **サ**ーウィラ　　ヒゥダッ
I'm sorry to hear that.
「m」のあとは口を閉じる

お気の毒に。
❶ 「お悔やみ申し上げます」は、I'm sorry for your loss.「アン⤷ **サ**ーウィ フィヤ ラース」と表現できる。

アン⤷ **サ**ーウィ　　フダ　　チュ**ア**ボー
I'm sorry for the trouble.
面倒を掛けてごめんなさい。
❶ bleは「ボー」と発音する。

アン⤷ **サ**ーウィ　　フダ　　クン**フ**ュージュン
I'm sorry for the confusion.
混乱させてしまってごめんなさい。

こんなときなんて言う?

❶ ワインを相手のお洋服に
   こぼしてしまった。

　□　□
　　□　that.

ごめんなさい。（何かをやらかしたとき）

❷ 違ったサイズのシャツを
   持ってきた。

　□　□　□
　　□　mistake.

間違えてごめんなさい。

❸ 相手の気を引きたい。

　□　□　□
　　□　you.

お邪魔してごめんなさい。

❹ 相手の言っていることが
   聞き取れなかった。

　□　□　?

はい？（聞き取れなかったとき）

A 正解はこちら。

アン⇔**サ**ーウィ ウバウッ　ダッ
I'm sorry about that.

「m」のあとは口を閉じる　　「t」は消えて、「ッ」の音になる

ごめんなさい。（何かをやらかしたとき）

アン⇔**サ**ーウィ　フダ　ミス**テ**イッ
I'm sorry for the mistake.

「m」のあとは口を閉じる　　「k」は発音しない

間違えてごめんなさい。

アン⇔**サ**ーウィラ　　**バ**ードゥユ
I'm sorry to bother you.

「ボザーユー」よりも「バードゥ」のほうがよい

お邪魔してごめんなさい。（ちょっといいですか?）

アン⇔**サ**ーウィ?
I'm sorry?

「m」のあとは口を閉じる

はい?（聞き取れなかったとき）
❶ 聞き取れなかったときの場合は「sorry」の語尾が上がるだけでOK。

① アッドゥ **ラ**ヴ トゥ ブライ ハヴァ **フ**アムリ ランチュ トゥレイ
❶ I'd love to, but I have a family lunch today.
ぜひそうしたいけれど、今日家族とのランチの約束があるの。
❶ 相手のお誘いを断る前に「I'd love to」を入れるとソフトで失礼のない感じで断ることができる。

アマフエーイ ライキェーン **メ**イキッ タナイッ
❷ I'm afraid I can't make it tonight.
今晩は残念ながらきびしいです。
❶ 「I'm afraid」は「怖い」という意味だが、「申し訳ないのだけど」という意味でも使える。

アン⟺ **テ**ゥブリ **サ**ーゥィ
❸ I'm terribly sorry.
非常に申し訳ない。
❶ 「terribly」は「ものすごく」や「ひどく」という意味。

アイ **ディ**ープリ ゥパールジャイズ
❹ I deeply apologize.
深くお詫びする。
❶ 「apologize」は「謝る」という意味で相手に深く謝罪したいときに使う。

ハウ **フ**アーットゥレサミ
❺ How thoughtless of me !
私ったらなんて配慮に欠けていたんだろう!
❶ 相手の気持ちを考えずにうっかり行動をしてしまったときに使う。

アイスィン**ス**イーァリ ゥパールジャイズ
❻ I sincerely apologize.
心からお詫びする。
❶ 「apologize for」の後に謝罪の理由を入れて使うこともよくある。

アイ **ホ**ゥピュ キュン フ**ギ**ヴミ
❼ I hope you can forgive me.
許してもらえたら嬉しい。
❶ 相手に強制せず、許しくれると嬉しいという気持ちを伝えたいときに使う。

ア **オ**ゥユ オナ**パ**ールジ
❽ I owe you an apology.
あなたに謝らなければいけない。
❶ 「owe」は相手に何かをする義務を負っている(借りたお金を返す義務など)ときに使う。

⑨ アイテイッ **フ**ゥー ウィスパンス**ビ**リリ

I take full responsibility.

責任はすべて自分にある。

❶「I take full responsibility for」のあとに何に対して責任をとるのかを入れるとよい。

---

⑩ アイ **ワ**ネラ テォユ アン⌢サーウィ

I wanted to tell you I'm sorry.

どうしても謝りたかったの。

❶「I wanted to tell you I'm sorry for」のあとに謝罪の内容を入れることも可能。

---

⑪ アイ ウズ ル**オ**ーン グバウッダッ

I was wrong about that.

それに関しては私が間違っていた。

❶ 場合によって「それに関しては私が誤解していた」と伝えたいときにも使える。

---

⑫ アン⌢**ソ**ゥ サーウィ

I'm so sorry.

本当にごめんなさい。

❶「I'm sorry」よりも心のこもった謝罪をしたいときに使う。

---

⑬ マヤ**パ**ールジーズ

My apologies.

申し訳ありません。

❶ 短いけれど比較的丁寧な表現なのでビジネスシーンでよく使う。

---

⑭ マイ ミス**テ**ィッ

My mistake.

間違えました。

❶「I made a mistake」を短縮した表現であり、ちょっとしたミスを犯したときに使う。

---

⑮ プリーザックセッマイ スィン**スイ**ーウィッサ**パ**ールジーズ

Please accept my sincerest apologies.

心よりお詫び申し上げます。

❶「sincerest」は「本心からの」という意味で、この他にも「deepest」もよく使う。

---

⑯ サーウィ イワ**ゾ**ー マイ フォウツ

Sorry. It was all my fault.

ごめん、ぜんぶ私が悪かった。

❶ カジュアルな謝罪表現。「fault」は「責任」や「罪」という意味。

Lesson 3

許可を求める/お願いする/能力があるか尋ねる

聞いてみよう!

ケナイ / ケニュ
Can I / Can you
〜してもいい? / 〜できる?

写真を撮っていいか聞きたい。

ケナイ　テイッ　**ピッ**チューズ　ヒゥ
Can I take pictures here?

「k」は発音しないで、「ッ」

ここで写真を撮ってもいい?

POINT!

- 「take」の「k」の後ろに母音がないので「k」は消えて、「テイッ」。
- 「Can I」の代わりに「Can you」、または「Can we」も使える。
- 「Can you」と言う場合、「you」は「あなた」という意味ではなく一般的に「人々」という意味。

Let's talk! 使ってみよう!

ケナイ イーッ ディス
Can I eat this?

これって食べられる?

ケナイ メイカ ルェズ **ヴェ**イシュン
Can I make a reservation?

~~予約できる? (または) 予約してもいい?~~

ケニュ **ス**イーイッ
Can you see it?

> 「t」は発音しない

見える?

ケナイ ゴウデァ バイ チュ**エ**イン
Can I go there by train?

> 「tr」は「チュ」と発音する

そこは電車で行ける?

ケナイ クロウズ ダ **ウ**インドゥ
Can I close the window?

窓を閉めてもいい?

こんなときなんて言う?

❶ カードで決済したい。

□□ □□ □□ □□

□□ **card?**

クレジットカード、使える?

❷ わさびを食べられるか尋ねたい。

□□ □□ □□

wasabi?

わさび、食べられる?

❸ お酒が飲めるか尋ねたい。

□□ □□ **drink?**

飲める?(お酒)

❹ 切符が買えるか尋ねたい。

□□ □□ □□

□ **ticket?**

切符、買える?

A 正解はこちら。

ケナイ　ユーザ　ク**エ**リッ　カーゥッ
Can I use a credit card?

> 「t」は発音しない　「d」は発音しない

クレジットカード、使える?

ケニュ　イーッ　ワ**サー**ビ
Can you eat wasabi?

> 「t」は発音しない

わさび、食べられる?

❶日本語をそのまま英語で発音するとき、「ワサービ」のように音をのばして言うことが多い。
❶ある程度親しい人に尋ねるときに使う。

ケニュ　ジュ**イ**ンッ
Can you drink?

> 「dr」は「ジュ」と発音する

飲める?（お酒）
❶ある程度親しい人に尋ねるときに使う。

ケナイ　バイア　**テイ**ケッ
Can I buy a ticket?

> 最後の「t」は発音しない

切符、買える?

イズィロウケィ イファイ スイッ ヒゥ

❶ Is it okay if I sit here?

ここに座ってもいいですか？

❶ カジュアルな表現だけれど初対面の人に使っても問題ない。

メアイ　ユーズ　ディス　ペン

❷ May I use this pen?

このペンを使ってよろしいですか？

❶ 「may I」は「can I」よりもフォーマルな場面で使う。

デュマイニファイ　　　　スターンッ　ヒゥ

❸ Do you mind if I stand here?

ここに立ってもよろしいですか？

❶ 「do you mind if」は直訳すると「もし～したらあなたは気にしますか？」になる。

ウジュマイニファイ　　　　　　　アースチュ　　　　サン◯フィン

❹ Would you mind if I asked you something?

ちょっと質問をしてもいいですか？

❶ 「would you mind if」の場合は過去形が続き、「do you mind if」の場合は現在形が続く。

アイウズ　ウァヌイン　　　イッファイクッ　　バーロヨ　　　　ペン

❺ I was wondering if I could borrow your pen.

ちょっとペンをお借りしてもよろしいでしょうか。

❶ 「I was wondering if」は「～かどうかと思った」という意味合いで、何かを頼むときによく使う。

ウリビ　　　オーアイリファイ　　バーロジョ　　　フォウン

❻ Would it be alright if I borrowed your phone?

携帯を借りてもいい？

❶ 「would it be alright if」は「～してもかまわない？」という意味で比較的カジュアルな表現。

プリーズ　　　メアイ　スイーダッ

❼ Please, may I see that?

それを見てもいいですか？

❶ 「please」はつけなくてもいいけれど、付けることによってクッション言葉の役目を果たす。

ウリビ　　　　パースィボ　　フミル　　テイカ　　ルキン サィッ

❽ Would it be possible for me to take a look inside?

中を見せていただくことは可能でしょうか？

❶ 相手に丁寧に何かを依頼するときに使う。

イズ　ディ**セ**リボー
⑨ Is this edible?

これ、食べられる？

❶「edible」とは安全で人が食べられるという意味。

デュ　**ス**イーィッ
⑩ Do you see it?

見える？

❶「Can you see it?」と「Do you see it?」、大差はないので両方とも同じような意味として使える。

イズィッ **パ**ースィボー　　トゥゴウデア　　バイ チュエイン
⑪ Is it possible to go there by train?

電車でそこまで行くことは可能？

❶「is it possible to＋動詞」で「～することは可能か」という意味になる。

デュ　　アックセッ⇔ ク**エ**リッ　カーゥズ
⑫ Do you accept credit cards?

クレジットカードは使えますか？

❶直訳すると「クレジットカードは受け付けていますか」になる。

デュ　　フィンカイキュン　　ゲッデア　　イナ**ナ**ーワ
⑬ Do you think I can get there in an hour?

1時間でそこまで行けるかな、どう思う？

❶この場合の「get」は「到着する」という意味。

アウイ　　ウラウッ　　トゥゴ　イン**サ**ィッ
⑭ Are we allowed to go inside?

中に入ってもいいのかな？

❶「be allowed to」は「～をすることが許可されている」という意味。

イズデア　　チャンサイ　　ク**ラ**ップグエイッ　　マイ　ティケッ
⑮ Is there a chance I could upgrade my ticket?

チケットをアップグレードすることが可能だったりしますか？

❶何かの可能性を探るときに「Is there a chance」を使うと良い。

メアイ　　アスクーズ　　**コ**ーリン
⑯ May I ask who's calling?

どちらさまでしょうか？

❶電話をかけてきた相手を知りたいときによく使うフレーズ。

要求する

アッ**ラ**ィッ
I'd like …
〜がほしい、〜がしたい

聞いてみよう!

カナダを訪れてみたいと伝えたい。

アッ**ラ**ィッ　タ　ヴィズィッ　**キャ**ーナダ
I'd like to visit Canada.

軽く発音

カナダに行ってみたい。

POINT!

- 書き言葉では「I would like」と書くことが多いが、しゃべり言葉ではほとんどの場合、「I'd like」と言う。
- 「カナダ」は「カーナダ」ではなく「キャーナダ」が一般的。

Let's talk!　使ってみよう!

アッ**ラ**ィッ　タ チュ**ア イ**ィッ
I'd like to try it.
軽く発音

試してみたい。

❶ このフレーズは「食べてみたい」という意味でも使える。

アッ**ラ**ィッ タチュアイ　スン🫦 ロウコー **デイ**シーズ
I'd like to try some local dishes.
「m」のあとは口を閉じる

地元の料理を食べてみたい。

❶「dishes」は「食器」という意味と「食器に盛られた料理」という意味で使える。

アッ**ラ**ィッ　タ　**ハ**ヴワン
I'd like to have one.

1つほしい。

アッ**ラ**ィッ　スン🫦フィン　ス**ウィ**ーッ
I'd like something sweet.
「m」のあとは口を閉じる　　「t」は発音せず「ッ」という

何か甘いものが食べたい。

アッ**ラ**ィッ　タ チュアイ ディッ**ソ**ァン
I'd like to try this on.

これを試着したい。

❶「試着する」のことを英語では「try on」と表現する。

Q こんなときなんて言う？

❶「窓際の席に座りたい」と伝えたい。

□ □ □ □
□ the window.

窓際の席に座りたいです。

❷「赤いほうがほしい」と伝えたい。

□ □ □
□ one.

赤いのがほしいです。

❸「エッフェル塔を見たい」と伝えたい。

□ □ □ □
□ Eiffel Tower.

エッフェル塔が見たいです。

❹「店の中を見て回りたい」と伝えたい。

□ □ □
□ around.

見て回りたい。

A 正解はこちら。

ァッ**ラ**ィカ **ティ**ボー バイダ **ウ**ィンドゥ
I'd like a table by the window.

「ble」は「ボー」と発音

窓際の席に座りたいです。

ァッ**ラ**ィッ ドゥ **ルエ**ドゥ ワン
I'd like the red one.

赤いのがほしいです。

ァッ**ラ**ィッ タスィー ディ **ア**ィフォー ターウァ
I'd like to see the Eiffel Tower.

エッフェル塔が見たいです。

❶ 日本語での「エッフェル」とはフランス語の発音。英語では「**ア**ィフォー」と発音する。

ァッ**ラ**ィッ トゥルカ **ウ**ァーウン
I'd like to look around.

見て回りたいです。

❶ ショッピング中に「見ているだけです」と言いたい場合は「I'm just looking around」(アン◯ ジャス ルキナ**ウ**ァウン)または「I'm just browsing」(アン◯ ジャス ブ**ア**ウズィン)と表現できる。「browse」は「見て回る」という意味。

❶ ァ**ヴ**ォウエイズ　ワネラ　チュアイ　ディス

❶ I've always wanted to try this.
これ、ずっと試してみたかったんだよね。
● 「I've always wanted to＋動詞」は「ずっと～したかったけれど、したことがない」という表現。

ァ**ヴ**ォウエイズ　ジュ**イ**ーン⇔ドヴ　ゴーイナナ　ス**フ**アーウィトゥァ

❷ I've always dreamed of going on a safari tour.
サファリツアーに参加するのがずっと夢だったんだよね。
● 「ツアーに参加する」ことを「go on a tour」と言う。

ワナダ　フィングザマイ　**バ**ケッ リスティズ タスィーダ　**ピ**ゥアミッズィ**ニ**ージップトゥ

❸ One of the things on my bucket list is to see the pyramids in Egypt.
一生に一度はエジプトのピラミッドを見てみたい。
● 「bucket list」は「死ぬまでにやっておきたいことのリスト」という意味で使われる。

イファイクッ　アイッ **ラ**ヴ　タスィーデミン　**カ**ンスーゥッ

❹ If I could, I'd love to see them in concert.
もし可能なら彼らのコンサートに行ってみたいな。
● 「if I could」は「もし～できたら」という意味で、実際にはできないというニュアンスがある。

ワノマイ　ジュ**イ**ーン⇔ズィズ タ チュアヴル　ウァウン　ダ**ウア**ール

❺ One of my dreams is to travel around the world.
私の夢の1つは世界中を旅することだ。
● 「my dream is」だと「私の夢は」で、「one of my dreams」だと「私の夢の1つ」という意味になる。

アイッ**ラ**ヴ　タチュアイ　ワン

❻ I'd love to try one!
ぜひ1つ試してみたい！
● 「love」を使うと、「ぜひ」という気持ちがより伝わる。

アハヴァ　クエイヴィン　フ　サン⇔フィン　スイーッ

❼ I have a craving for something sweet.
無性に甘いものが食べたい。
● 「have a craving for」は「無性に～がほしい」と表現するときに使う。

アミンダ**ム**ーッ　フサン⇔フィン　ソウティ

❽ I'm in the mood for something salty.
何かしょっぱい物を食べたい気分。
● 「be in the mood for＋名詞」は「～の気分」という意味。

ク**ラ**ィ　チュアイ　ディソン
⑨ **Could I try this on?**

これ試着していいですか？

❶「Can I」より「Could I」のほうが、より丁寧な表現。

メアィ　**スィ**　ディスワン
⑩ **May I see this one?**

これを見せてください。

❶ たとえば、ジュエリー屋さんで何かを見せてほしいときに使える。

ウジュマイニファイ　　**サ**ッヒゥ
⑪ **Would you mind if I sat here?**

ここに座ってもいいですか？

❶「どうぞ」と返事する場合は「no」だが、迷ったら「sure」でもOK。

ちょっとひといき

たかが挨拶、されど挨拶

　英語で最初に覚える「Hello」。この「Hello」ですが、ただの挨拶ではありません。じつは以下のような7つのイントネーションがあり、それぞれ違った意味を表します。

① 久しぶりに会って嬉しいときの「Hello」

② 何か不気味な音がしてそこに誰かいるのか恐る恐る聞くときの「Hello?」

③ 口説くときの「Hello」

④ 電話に出るときの「Hello」

⑤ 相手の気を引こうとするときの「Hello」

⑥ よく会う人にあいさつするときの「Hello」

⑦ 相手に対してイライラMAXのときの「Hello」

「Hello」ひとつでこんなに幅広いってすごいですよね。これで英語のイントネーションの練習をするのもおもしろいですよ!

DAY 2

Lesson5

願望を伝える

Lesson6

わからない/知らない

Lesson7

提案する/誘う

Lesson8

意思表示をする

ァ**ニ**ーッ
I need …
~が必要 / ~がほしい

聞いてみよう!

タクシーを呼んでほしい。

> アニーラ **タ**ークスィ
> # I need a taxi.
> タクシーを呼んで。

POINT!

- 日本語だと「タクシーを1台お願いします」などと言うが、英語では「タクシーが必要」と言うことも可能。
- 「タクシー」のことを「cab」(キャー ☺)とも言う。

Let's talk! 使ってみよう!

アニーッ トゥ ゴウ トゥラ バーフルーン◇
I need to go to the bathroom.

「to the」は「トゥラ」　「m」のあとは口を閉じる

お手洗いに行きたい。
❶「トイレ」の表現いろいろ：restroom:アメリカでは一般的。イギリスでは「休憩所」の意味。

- -

アニーッ スン◇ カーフィー
I need some coffee.

コーヒーが飲みたい。
❶「coffee」は、「カーフィー」の方が伝わりやすい。
❶「眠くてコーヒーが必要。」という意味で、よく「I need some coffee.」と言う。

- -

アニーラ ウィスイーッ
I need a receipt.

「p」は発音しない

レシートがほしい。

- -

アニーラ コーゥ メリスィン
I need a cold medicine.

「d」は発音せず「コーゥ」という

風邪薬がほしい。

- -

アニーラ スモアールー サイズ
I need a smaller size.

もう少し小さいサイズがほしい。
❶「smaller」は「スモァールー」のほうがネイティブっぽい。

- -

こんなときなんて言う?

❶ 地図をもらいたい。

☐ ☐ **a map.**

地図がほしい。

❷ 携帯を充電させて ほしい。

☐ ☐ ☐ ☐

my battery.

バッテリーの充電をしたい。

❸ 塩をもらいたい。

☐ ☐ ☐ **salt.**

塩がほしい。

❹ 外の空気を吸わせて ほしい。

☐ ☐ ☐

fresh air.

外の空気を吸いたい。

A 正解はこちら。

ァ**ニ**ーラ　マッ👄

I need a map.

「p」は発音せず口を閉じる

地図がほしい。

ァ**ニ**ーッタ　チャージュ　マイ　**バ**ールィー

I need to charge my battery.

バッテリーの充電をしたい。

ァ**ニ**ーッ　スン👄　**ソ**ゥッ

I need some salt.

「m」のあとは口を閉じる

塩がほしい。
❶ 「some」の「m」の音の後ろに母音がないので、くちびるを閉じて軽く音を出す。

ァ**ニ**ーッ　スン👄　フ**エ**ッシェーァ

I need some fresh air.

「m」のあとは口を閉じる

外の空気を吸いたい。

❶ クジュ　　プ**リ**ーズ　ゲッミア　**タ**ークスィ
Could you please get me a taxi?

タクシーを呼んでくれますか？

❶「タクシーを拾う」という意味で「hail a taxi」も使う。

---

❷ ウリッビ　**パ**ースィボ　タゲッ　スン⇔　**ウ**アールー
Would it be possible to get some water?

お水を少しいただいてもよろしいでしょうか。

❶「Would it be possible＋動詞」で丁寧に頼みごとをすることができる。

---

❸ イフュロンマイン　アイッ ライッ トゥ**ル**エッスタリロー
If you don't mind, I'd like to rest a little.

ごめん、少し休ませて。

❶「if you don't mind」は「もしよかったら」「差支えなければ」「嫌でなければ」などの意味として使う。

---

❹ アハヴァ　ク**エ**イヴィン　フ　**チャ**ークレッ
I have a craving for chocolate.

無性にチョコレートが食べたい。

❶同じ意味で「I crave chocolate」とも言える。

---

❺ アン⇔**ダ**ーイン　フ　スン⇔　**ス**イーフーツ
I'm dying for some seafood!

シーフードが食べたくてたまらない。

❶「I'm dying for＋名詞」を使って「〜が欲しくてたまらない」と表現できる。

---

❻ アイッ **ラ**ヴ　スン⇔　カーフィー
I'd love some coffee.

コーヒーが飲みたい。

❶「I'd like some coffee」よりもコーヒーが飲みたいという気持ちが強い。

---

❼ **ル**ァイッナウ　ワライニーリズ　スン⇔　ピーセン　クアーイェッ
Right now, what I need is some peace and quiet.

今必要なのはゆったりと落ち着いた時間。

❶「peace and quiet」は「平和と静けさ」だが、日常会話ではカジュアルな意味で使われる。

---

❽ ディオンリ　フィンガワナ　**ド**ゥーナウ　イッス**リ**ープ
The only thing I wanna do now is sleep.

とにかく寝たい。

❶直訳すると「私が今したいことはただ寝るだけ。」になる。

アォーライ**ワ**ン　　ルァイッナウイズ　　スン⇔　ウァールー
⑨ All I want right now is some water.

今一番ほしいものは水。

❶ 「all I want」は「私がほしいのはただ〜だけ」という意味。

アイクッ　　ゴー　　フス**マ**イスクイーン⇔　　ルァイッナウ
⑩ I could go for some ice cream right now.

今、アイスがほしいな。

❶ 「go for」にはいくつかの意味があるが、「I could go for」だと「〜がほしいな」という意味になる。

アイ**フィ**ーﾗｨｯ　スン⇔　**ル**ァーメン　ヌードゥズ
⑪ I feel like some ramen noodles.

ラーメンを食べたい気分。

❶ 「feel like ＋名詞」とは「〜の気分」という意味で「want ＋名詞」よりソフトな表現。

アミン　　　ダ**ム**ーッフスン⇔　　　ワイネンチーズ
⑫ I'm in the mood for some wine and cheese.

ワインとチーズを食べたい気分。

❶ 「be in the mood to ＋動詞」だと、「〜したい気分」という意味で使う。

ダッ　ヒッツ　ダスパッ
⑬ That hits the spot !

最高！

❶ よいタイミングで求めていた物を飲み食いできたときの最高な気持ちを表現するフレーズ。

アクッ　　シュアユーズ　スン⇔　カーフィー
⑭ I could sure use some coffee.

今このタイミングでコーヒーが飲めたら最高だな。

❶ 「I could use」は「〜があったらありがたいな」という意味のカジュアルな表現。

ウジュ　　　**ハ**ープン　　タハヴァ　　スモァールー **サ**ィズ
⑮ Would you happen to have a smaller size?

より小さいサイズとかあったりしますか？

❶ 「Would you happen to have」は相手が必ずしも持っているとは期待していないときに使う。

スン⇔　フエッシェーゥ　イゼッグ**ザ**ックリ　ワライニーツ
⑯ Some fresh air is exactly what I need.

今私がまさにほしいのは外の新鮮な空気。

❶ 「fresh air」は「新鮮な空気」のことだが、多くの場合、「外の空気」のことを指す。

わからない／知らない

アロンノウ
I don't know …

〜知らない

聞いてみよう！

道を聞かれたけれど、行き方がわからない…。

アロンノウダ　　　　**ウェィ**
I don't know the way.

「t」は発音しない

行き方を知らない。

POINT!

- 「I don't」は会話で「アロン」と発音することが多いが、はっきりと「アイドン」と言ってもOK。
- 「don't」の最後の「t」は消える。
- 「〜への行き方を知らない」と表現するときには「the way」のあとに「to」を付けて場所を言う。たとえば、「駅への行き方を知らない。」は「I don't know the way to the station.」と表現する。

Let's talk! 使ってみよう!

アロンノウ　　　**ウィ**ッ　チュエイン　タ　テイツ
I don't know which train to take.

どの電車に乗ればいいのかわからない。

❶ 「which」の語尾が「チュ」で、「train」も「トレイン」ではなく「チュエイン」と発音するので、つなげて読む。

アロンノウ　　　ディッ**セー**ウィア ヴェウィ ウェォ
I don't know this area very well.

「l」は「ォ」という音だと自然

この地域をあまりよく知らない。

❶ 「this area」の「this」の「s」を「area」の「a」とつなげて発音する。

アロンノウ　　　ウィッチュエイ　イズ **ファ**ストゥ
I don't know which way is faster.

どっちのほうが速いのか知らない。

アロンノウ　　　ワットゥ　**ドゥ**ー
I don't know what to do.

どうしたらいいかわからない。

❶ 「what」の最後の文字と「to」の最初の文字が同じなのでつなげて発音する。

アロンノウ　　　**ハ**ウ
I don't know how.

どうやればいいのかわからない。

こんなときなんて言う?

❶ どんな味なのかを聞かれた
けれど、わからない。

☐ ☐ ☐
☐ **it tastes.**

どんな味なのかわからない。

❷ 写真を撮ってほしいと頼まれたけれど、
携帯の操作がうまくいかない。

☐ ☐ ☐
☐ **wrong.**

何がおかしいのかわからない。

❸ おいしい天ぷら屋がないか
聞かれたけれど知らない。

☐ ☐ ☐ ☐
☐ **restaurant.**

おいしい天ぷら屋を知らない。

❹ お店の場所を聞かれた
けれど、わからない。

☐ ☐ ☐
☐ **store.**

そのお店を知らない。

A 正解はこちら。

アロンノウ　　　　ハウイッ　**テ**ィスツ
I don't know how it tastes.
どんな味なのか知らない。
❶「it」の最後と「tastes」の最初が同じ「t」なのでつなげて発音する。

アロンノウ　　　　ワッツ　**ウォ**ーン
I don't know what's wrong.
何がおかしいのかわからない。
❶「wrong」は「間違った」という意味でよく使うが、「調子が悪い」という意味でもよく使う。

アロンノウア　　　グッテン**プ**ーラ　**ルエ**ストゥラーン
I don't know a good tempura restaurant.
おいしい天ぷら屋を知らない。

アロンノウ　　　ダッス**ト**ァ
I don't know that store.
そのお店を知らない。

❶ アハヴ　ノ ゥァィ **ディ** ァ
I have no idea.
全然わからない。
❶「アイディアがない」ではなく「全く見当がつかない」と、知らないことを強調するときに使う。

❷ ビーッツ　**ミ**ー
Beats me.
さあ。
❶ 質問をされて答えがまったくわからないときに使うスラング。

❸ アン◇**ナ**ッ　ヴェウィ　フ**ミ**リャー　ウィッディッセーウィア
I'm not very familiar with this area.
この辺りについてあまり詳しくない。
❶「familiar」とは「よく知っている」「聞き覚えのある」「親しみがある」といった意味で使える。

❹ ヨ　**ゲ**ッスィザズ　グラズ　マイン
Your guess is as good as mine.
私もさっぱりわからない。
❶「あなたにわからないことは私にもわからない」というニュアンス。

❺ ナラズファー　ア**ザ**ィノゥ
Not as far as I know.
私の知る限りではそうではない。
❶ この場合の「as far as」とは「〜に関する限りは」という意味。

❻ ンナッ　シューア
I'm not sure.
はっきりとは、わからない。
❶「I don't know」をもう少しやわらかく伝える時に使う。

❼ アイ**ハ**ヴン　ダス**ラ**ィレッサイディア
I haven't the slightest idea.
さっぱりわからない。
❶「(相手の質問に対し) わずかな情報さえない」という直訳になる。

❽ サーウィ　**キ**ェーン　ヘォピュ　デゥ
Sorry, can't help you there.
ごめん、わからない。
❶ 相手を何かで手伝うことによって相手が助かる状況で、相手の役に立てないときに使う。

ァ**ウ**ィッシャイ ニュー
⑨ I wish I knew.

正直、わからない。

❗「知っていればいいのだけれど知らない」が直訳。

ホゥ**ド**ーン ナォ **チェ**ッ
⑩ Hold on, I'll check.

待って、確認するね。

❗「Hold on」は相手に「少し待って」と頼むときに使う。

アン⊖ノゥ **エ**ックスプー ラッディス
⑪ I'm no expert at this.

これについて詳しくない。

❗「expert」は「専門家」の意味。

アイノゥ **ナ**フィングバウッ **カ**ーゥズ
⑫ I know nothing about cars.

車については何も知らない。

❗知らないことをさらに強調したい場合は「I know absolutely nothing about cars.」と言える。

ダツァ グエイッ ク**エ**スチュン バライン⊖ **ナ**ッシューア
⑬ That's a great question, but I'm not sure.

いい質問だ。でもちょっとわからない。

❗「知らない」ことを少し柔らかく伝えたいときに先に「that's a great question」をよく使う。

アィ**キ**エーンセイ フスアッン
⑭ I can't say for certain.

なんとも言えない。

❗「certain」は「確実な」という意味なので、「はっきりとはわからない」というニュアンス。

ダッツ ビ**ヨ**ーン マイ スコウポヴ **ナ**ーリッジュ
⑮ That's beyond my scope of knowledge.

それは私の知識ではわからないことだ。

❗「beyond」は「〜を超える」という意味なので「私の知識を超える」というニュアンスになる。

レミ **フィ**ンカバウリッ エン ゲッ**バ**ットゥエ
⑯ Let me think about it and get back to you.

ちょっと考えて、また連絡するね。

❗「get back to」は「〜に折り返し連絡する」という意味。

DAY2

Lesson 7

提案する/誘う

ハウバウッ
How about …?

~はどう?

シャツを買う人に、おすすめを聞かれた。

ハウバウッ　**デイス**
How about **this**?

「ディ」を強く、「ス」は弱く発音

これはどう?

POINT!

- 「How about」は何か提案するときに使うが、行動を提案するときには動詞ありで使い、物を提案するときには動詞なしと、両方使うことが可能。
- 「ディス」の「ディ」を強く言うので自然と「ス」は弱く。

Let's talk!　使ってみよう!

ハウバウッ　チュアイン　サン◇フィン　**ディ**フエンッ
How about trying something different?

「tr」は「チュ」と発音　　「m」のあとは口を閉じる

何か違ったものを試すのはどう?

ハウバウ**チュ**ー?
How about you?

キミはどう?

❶「about」の「t」を消して「ッ」に変えてもOK。

ハウバウッ　　　トゥ**マ**ーロゥ
How about tomorrow?

明日どう?

ハウバウッ　　　ゴウイン　**シャ**ーピン
How about going shopping?

ショッピングするのはどう?

❶「shopping」は「ショッピング」より「シャーピン」のほうが通じる。

ハウバウッ　　　テイキンガ　ブ**エ**イッ
How about taking a break?

少し休息しない?

❶「taking」の「g」と「a」はつなげて「ガ」と発音する。

こんなときなんて言う？

❶ リラックスできるおすすめ
スポットを聞かれた。

☐ ☐ ☐
☐ spring?

温泉はどう？

❷ おすすめの体験を
聞かれた。

☐ ☐ ☐
☐ Mt. Fuji?

富士山を登るのはどう？

❸ おすすめのお土産を
聞かれた。

☐ ☐ ☐
buns?

まんじゅうはどう？

❹ おすすめルートを
聞かれた。

☐ ☐ ☐
☐ ☐ first?

最初にお城を見に行くのはどう？

A 正解はこちら。

ハウバウラ　　　ハッ　スプ**イ**ッ
How about **a hot spring**?
> 「ハッ」と発音

温泉はどう？
❶ 「about a」の「t」と「a」はつなげて「ラ」と発音する。

ハウバウッ　　　クライミン　マウンッ**フ**ージ
How about **climbing Mt. Fuji**?

富士山を登るのはどう？
❶ 「climbing」の「b」は発音しない。

ハウバウッ　　　スティーン⬭　**バ**ンズ
How about **steamed buns**?
> 「m」のあとは口を閉じる。「d」は発音しない

まんじゅうはどう？
❶ 「steamed」は最後に「d」の音がくるのが本来の発音ですが、「d」を発音した直後に「b」が発音しにくいので「d」は消える。

ハウバウッ　　　ヴィズィリン　ダ　**キャ**ッソー フゥース
How about **visiting the castle first**?

最初にお城を見に行くのはどう？
❶ 「castle」は「キャッスル」より「キャッソー」のほうが通じる。

❶ ジュライッ トゥゴウバイ チュ**エ**イン
Would you like to go by train?
電車で行きたいですか？
❶「Would you like to＋動詞」は相手に行動を提案する場合や意向を確認するときに使う。

❷ アイ フィンクイシュッ ダボ チェッ
I think we should double-check.
再度確認したほうがよいと思う。
❶「check」は「確認する」で「double-check」は二重チェックのこと。

❸ アイッス **ジエ**ッス チュ**ア**ンスフリンガッ シンジュク ス**テ**ィシュン
I'd suggest transferring at Shinjuku station.
新宿駅で乗り換えるのをおすすめします。
❶「I would suggest」だと、「私なら〜を提案する」や「私なら〜をすすめる」というニュアンス。

❹ アイッ **ル工**クメン ダ ピッザ マウグ**ウィ**ーラ
I'd recommend the pizza Margherita.
ピザ マルゲリータをお勧めします。
❶「suggest」とは違って「recommend」は「提案する」という意味ではあまり使わない。

❺ ユシュッ メイビ クンスィルー テイキンガ ブ**エ**ィッ
You should maybe consider taking a break.
ちょっとひと休みしたほうがいいと思うよ。
❶「You should maybe consider＋動詞ing」を直訳すると「〜をすることを検討すべきかも」になる。

❻ イフュライ**キャ**ーニメイ ユシュッ ゴウル **ア**ーニメイッ
If you like anime, you should go to Animate.
アニメが好きならアニメイトがおすすめだよ。
❶ 何か相手にとって嬉しいことをお勧めするときに使う「you should」は笑顔で伝えよう。

❼ ブ**ハ**ップスユ シュッ ジュインッ スン⇔ **ウ**ァールー
Perhaps you should drink some water.
お水を飲んだほうがいいかも。
❶「perhaps」（もしかして）を前につけることで少しやわらかくなる。

❽ イッスジャサ ナィ**デ**ィア バリ**ク**ッ ウォーアッ
It's just an idea, but it could work.
単なるアイデアだけれど、うまくいくかもよ。
❶「work」は「働く」という意味以外で「うまくいく」という意味ででも使う。

イッツジャサ ス**ジェ**スチュン　　　バチュク**ラ**ップグエイッジョ　　　セォフォーン
⑨ It's just a suggestion, but you could upgrade your cellphone.

単なる提案だけれど、携帯をアップグレードするのもありかもね。

❶「携帯電話」は、海外で一般的に「cellphone」または「mobile phone」と言う。

アイ スジェッ**サー**スキン　　　ファ**ディ**フエン　　　ルーン⇔
⑩ I suggest asking for a different room.

別の部屋を頼んだほうがいいよ。

❶「ask」は「聞く」という意味で、「ask for」は「要求する」や「頼む」という意味で使う。

アイ **ル**エクメン　　　ダ**レ**ィレッス　　　ヴー**ジュ**ン
⑪ I recommend the latest version.

最新版をおすすめします。

❶この場合は「latest」以外に、「newest」を使ってもいい。

シェォウイ　　　ヘッバッ　　　トゥラ　　　ス**テ**ィシュン
⑫ Shall we head back to the station?

駅に戻りましょうか？

❶「Shall we？」というと古臭いイメージがあるかもしれないが、とても丁寧で上品な表現。

メアイ　　　ス**ジェ**ッ　　　サン⇔フィン
⑬ May I suggest something?

1つ提案をさせていただいてもいいですか？

❶「May I …？」は丁寧かつ控えめに何かを提案したいときに使うとよい。

ウジュエヴ　　　クン**ス**ィルー　　　リヴィギン　　　ジュ**ペ**ーン
⑭ Would you ever consider living in Japan?

もし機会があったら日本に住みたいなんて考えたことある？

❶「would you consider」だと「～することを検討してくれませんか」という意味になる。

ウルニッビ　　　ベル　　　トゥ　　　テイッダ　　　チュ**エ**ィン
⑮ Wouldn't it be better to take the train?

電車に乗るほうがよくない？

❶「take ＋乗り物」は「移動手段」として乗り物を利用するとき、「ride＋乗り物」は乗り物に乗っている状態を表す。

ワイロンウィ　　　ヴィ**ズ**ィッ　　　ダ**キャ**ーソ　　　フゥース
⑯ Why don't we visit the castle first?

城を先に見に行かない？

❶「Why don't we ～？」は「なぜ～しない？」ではなく、「～しようよ」と何かに誘う場合に使う。

意思表示をする

レミ
Let me …
〜させて

聞いてみよう!

荷物を持ってあげたいとき。

レミ **キャ**ーゥィ ダッ
Let me carry that.

「t」は発音しないで「ッ」となる

それ持つよ。

POINT!

- 「let me」は「レットゥ ミ」と発音しても問題ないが、会話では「レミ」ということが多い。
- 「that」は「t」の音の後ろに母音がないので、サッと消して「ッ」と置き換える。
- よりフォーマルな場面では「let me」の代わりに「allow me」(ウラゥ ミ)を使うとよい。「allow」は「許可する」という意味がある。

Let's talk! 使ってみよう!

レミ　　　フィン　　カバウリッ

Let me think about it.

最後は「リ」と発音

ちょっと考えさせて。

❶「about it」は「t」の音のあとに母音がくるので「リ」と発音する。

レミ　　　ゲッチュ　　ア ナッ〜キン

Let me get you a napkin.

「t」は発音せず、「ゲッチュ」と発音　　「p」は発音せず、口を閉じる

ナプキンを持ってくるね。

レミ　　　ノウ　　　イフュ　　　ニーレニ　　ヘオッ〜

Let me know if you need any help.

「イフュ」と発音　　「p」は発音せず、口を閉じる

何か手伝ってほしいことがあったら言ってね。

レミ　　　スィー

Let me see.

ええと。

レミ　　　ゲッダッ　　　フィユ

Let me get that for you.

私がやってあげるよ。

❶相手がドアを開けようとしているときや、何か取ろうとしているときに開けてあげる（取ってあげる）、荷物を運ぶのを手伝ってあげるときなどに使う。

こんなときなんて言う？

❶ 相手が転んでしまった。

☐ ☐ ☐ **you.**

手伝わせて。

❷ 相手が自転車でケガをした。

☐ ☐ ☐
a look.

ちょっと見せて。

❸ バスか電車、どっちがいいか聞かれた。

☐ ☐ **think.**

そうだね…。（たとえば相手の質問に対して）

❹ 何線に乗ればいいのか聞かれた。

☐ ☐ **check.**

確認させて。

A 正解はこちら。

レミ ヘォピュ

Let me help you.

手伝わせて。

レミ テイカ ルッ

Let me take a look.

ちょっと見せて。

❶「take a look」と同じ「見てみる」という意味で「have a look」もよく使われる。違いはほとんどないけれど、あえて言うなら「take a look」は北米でよく使われる表現で、「have a look」はイギリスでよく聞く表現。

レミ フィンッ

Let me think.

そうだね…。（たとえば相手の質問に対して）

❶「Let me think about it.」と似ているが「Let me think.」の方が返事をするまでの期間が短いイメージ。

レミ チェッ

Let me check.

最後の「k」は発音しなくてOK

確認させて。

❶似たような意味でよりフォーマルな感じの「Let me confirm.」（レミ クンフゥーン☺）もよく使う。

❶ **Allow me to introduce myself.**

ウラウミル　インチュオ **デュ**ース マイセォフ

自己紹介させてください。

❗「let me」をより丁寧に伝えるときは、「allow me」を使うとよい。

---

❷ **Allow me to show you around.**

ウラウミル　ショウユ　ゥ**ラ**ーゥン

ご案内させてください。

❗「show」は「見せる」で「around」は「周りに」という意味。

---

❸ **Please allow me to confirm.**

プ**リ**ーズラウミル　クン**ファ**ーン⇔

確認させてください。

❗「allow me」の前に「please」を入れることでさらに丁寧な表現になる。

---

❹ **Let me see what I can do.**

レミスィ　ワライキュン**ドゥ**

何か方法があるかちょっと見てみます。

❗対応できるかどうかわからないけれど、何か解決策があるか考えてみる、というニュアンス。

---

❺ **Let me find out for you.**

レミ　ファイン**ダ**ゥッ　フィュ

ちょっと調べてみるね。

❗相手に何か質問をされたけれど、わからなくてその場で答えられないときに使うといい。

---

❻ **Let me think about it.**

レミ　**フィ**ンカバウリッ

ちょっと考えさせて。

❗「今はわからないけれど、少し考えたあとに返事するね」というニュアンス。

---

❼ **Let me get back to you.**

レミ　ゲッ**バ**ッ　トゥユ

折り返し連絡するね。

❗「get back to」は会話の中で「また後で連絡するね」という意味でも使える。

---

❽ **Give me a moment.**

ギミア　**モ**ゥメンッ

ちょっと待って。

❗「One moment, please.」や疑問形の「Could you give me a moment?」はより丁寧な表現。

⑨ I have to think about it.
アハフタ **フィ**ンカバウリッ

ちょっと検討します。

❶「考えないと答えられない」というニュアンスで「Let me think about it.」よりも少し重い感じの表現。

---

⑩ Let me figure this out.
レミ　　フィギュ　ディサウッ

ちょっと考えさせて。

❶ ニュアンス的には何か解決しないといけないことに対して「私に解決させて」と伝えるときに使う。

---

⑪ Let me guess.
レミ　　**ゲ**ス

私が思うには…。

❶ 直訳すると「当ててみるね」という意味。

---

⑫ Let me take care of this.
レミ　　ティッ**ケ**アディス

これは私に任せて。

❶ 食事をしたあとに相手が言った場合、「おごるよ」という意味になる。

---

⑬ Let me take you there.
レミ　　**テ**ィキュ　デゥ

そこに連れてってあげるよ。

❶「take」は人を場所へ「連れていく」という使い方もする。

---

⑭ Let me double-check.
レミ　　ダボチェッ

もう一度確認させて。

❶「Let me check again.」でもOK。

---

⑮ Let me get that for you.
レミ　　**ゲ**ツダッ　フィユ

私がやりますよ。

❶ 相手のためにドアを開けてあげたり、重い荷物を持ってあげたりするときに使う。

---

⑯ Let me buy you a drink.
レミ　　バユア　ジュ**イ**ンッ

1杯おごらせてください。

❶「a drink」はお酒のことを指すことが多い。

DAY 3

Lesson9

相手の気持ちを上げる

Lesson10

ある/いる/食べる

Lesson11

予定を伝える

Lesson12

好きな気持ちを伝える

エン**ジョ**ィ
Enjoy
楽しんで

聞いてみよう！

日本に来た旅行者に声をかけたい。

> エン**ジョ**ィ　ヨステイン　ジュ**ペー**ン
> # Enjoy your stay in Japan!
> 「ジュペーン」と発音しよう
>
> 日本での滞在を楽しんで！

POINT!

● 海外ではレストランなどで注文した料理がすべてそろうと、店員さんが「Enjoy your meal!」（エンジョイ ヨミーォ）とよく言う。「お食事を楽しんでくださいね」という意味。

● 英語の場合、食事の前には「Let's eat.」（レッ**ツィ**ーッ）（食べましょう。）や「This looks great!」（**ディ**ス ルックス グ**エ**イッ）（とてもおいしそう!）、食後は「That was great!」（**ダ**ウズ グ**エ**イッ）（とてもおいしかった!）や「I'm full.」（アン◇**フ**ゥー）（おなかがいっぱい。）などと言う。

Let's talk! 使ってみよう!

エンジョィ ダ　　ウェストヴヨ　　チュ**イ**ッ👄
Enjoy the rest of your trip!

> 最後の「p」は発音しなくてOK

残りの旅を楽しんで!

エン**ジョ**ィ　　ヨイ-ヴニン　　アッディ　イ**ヴ**エンッ
Enjoy your evening at the event!

今晩のイベントを楽しんで!

エン**ジョ**ィ　　ダチェウィ　　ブ**ラ**ッスン👄ズ
Enjoy the cherry blossoms!

桜を楽しんで!

❶「桜」のことを英語で「cherry blossoms」と言い、「cherry」は「さくらんぼ」のことで、「blossom」は「果樹の花」のこと。普通の「花」は一般的に「flower」と言う。ちなみに「桜の木」は「cherry tree」(**チェ**ウィ チュイー)と言う。「桜が満開だ」は「The cherry blossoms are in full bloom.」(ダ **チェ**ウィ ブラッスン👄ザイン **フ**ゥー ブルーン👄)と表現する。

エン**ジョ**ィ　ダビュ-リフォ　　**デ**ィ
Enjoy the beautiful day!

天気のいい日を楽しんで!

❶「天気がいい」は「sunny」とよく言うが、「beautiful」(美しい)も同じ意味で使える。
❶「天気が悪い」は具体的に「cloudy」(ク**ラ**ウディ)(くもりの)や「rainy」(**ル**ェイ二)(雨降りの)を使ってもいいし、「ugly」(**ア**グリー)(みにくい)も使える。

こんなときなんて言う?

❶ 友だちがこれから水族館に行く。

☐ ☐ ☐
☐ ☐ aquarium!

水族館での1日を楽しんで!

❷ 観光客は歌舞伎を見に行く予定。

☐ ☐ ☐
performance!

歌舞伎を楽しんで!

❸ 友だちが花火を見に行く。

☐ ☐ ☐
tonight!

今晩の花火を楽しんで!

❹ 知り合いがこれからお祭りに行く。

☐ ☐ festival!

お祭りを楽しんで!

A 正解はこちら。

ェン**ジョ**ィ　ヨデイ　　アッディ アク**エ**ーウィウン ◇

Enjoy your day at the aquarium!

水族館での1日を楽しんで!

ェン**ジョ**ィ　ダ　カ**ブ**ーキ　　プフォームンス

Enjoy the Kabuki performance!

歌舞伎を楽しんで!

ェン**ジョ**ィ　ダ**フ**ァィユウァークス　　タナィッ

Enjoy the fireworks tonight!

今晩の花火を楽しんで!

❶ 「work」は「ワーク」とよく発音されるが、「ウォーァッ」の方が近い。「ウァーッ」は「walk」（歩く）の発音に近い。

ェン**ジョ**ィ　ダ　**フェ**スティヴォー

Enjoy the festival!

「ヴォー」と発音

お祭りを楽しんで!

❶ エンジョイ　ヨ**ミ**ーォ
Enjoy your meal!
食事を楽しんでね!
❶ 日本語では少し不思議に感じる表現だけれど、英語圏のレストランではよく言う表現。

---

❷ アン◌**ショ**ァ　　ユォ**ラ**イキッ
I'm sure you'll like it.
きっと気に入ると思うよ。
❶ 相手の気持ちを決めつけている感じがするかもしれないが、英会話ではとても喜ばれるフレーズ。

---

❸ アン◌　　**パ**ーズィリヴュォ　　**ラ**ヴディ　　エックスピ**ウィ**ゥンス
I'm positive you'll love the experience.
きっと最高に楽しい体験になるよ。
❶ 「positive」は「ポジティブ」という意味以外にも「絶対に」や「間違いない」という意味としても使う。

---

❹ ユォ　　**デ**フニッリ　　ファーリンラヴ　　ウィッダ　　スィリ
You'll definitely fall in love with the city.
絶対にその街を気に入るよ。
❶ 「yes」を強調するときに「Definitely !」(もちろん!)を単体で使うこともできる。

---

❺ アン◌**パ**ーズィリヴ　　ラドーァ　ディアウエイ　フォミラーレックス**ピ**ーウィゥンス
I'm positive you'll adore the away-from-it-all experience.
絶対に非日常体験を気に入るよ。
❶ 「away-from-it-all」の直訳は「すべてから解放される」という意味。

---

❻ デァズ**ノ**ゥ　　　ダウッ　　ユォハヴァ　　ブ**ラ**ース
There's no doubt you'll have a blast.
めちゃくちゃ楽しむに違いない。
❶ 「have a blast」とは「大いに楽しむ」という意味。

---

❼ ウィ**ダ**ウラダウッ　　　ユォレンジョイ ダ**フォア**ールカルーズ イン ニッコウ
Without a doubt you'll enjoy the fall colors in Nikko.
間違いなく日光の紅葉を楽しむよ。
❶ 「秋」は北米では「fall」、イギリスでは「autumn」がよく使われているが、どちらでもOK。

---

❽ フ**シュ**ア　　ユォハヴァ　　グッタイン◌
For sure you'll have a good time.
絶対に楽しいよ。
❶ 相手の誘いや質問に対して「もちろん!」と返事する時にも「For sure!」と答えることがある。

ユォハヴァ　　　ブ**ラ**ース
⑨ You'll have a blast.
最高に楽しい時間を過ごすよ。
❶「blast」は「爆発」を意味するが、「have a blast」は「とても楽しい時間を過ごす」ことを言う。

- -

ユォ**ラ**ヴ　　　ダヴュー　　フォン ⇔ デア
⑩ You'll love the view from there.
そこからの眺めが気に入るよ。
❶「眺め」のことを他にも「sight」や「landscape」も使える。

- -

ユォビ　　ア**メ**ーイズ　バイダ　　ス**タ**ニン　**ウ**アールファーオ
⑪ You'll be amazed by the stunning waterfall.
素晴らしい滝を見てびっくりするよ。
❶「stunning」は「気絶させる」という意味だが、しゃべり言葉では「すばらしい」という意味でも使う。

- -

ユォラ**プ**ィーシエイッ　　デア　　ハスピ**タ**ーリディ
⑫ You'll appreciate their hospitality.
彼らの親切なおもてなしをありがたく思うよ。
❶「温かいおもてなしをありがとう」は「Thank you for your warm hospitality」と表現できる。

- -

ユォファインダ　　　ミューズィッ**ヴ**エウィ　スーディン
⑬ You'll find the music very soothing.
その音楽はとても癒される音楽だよ。
❶「soothing」は「気持ちがやわらぐ」以外にも「肉体的苦痛を軽減する」という意味でも使える。

- -

ユォビ　　　エントゥ**テ**インッ　バイデア　　　ダンセンミューズィッ
⑭ You'll be entertained by their dance and music.
彼らの踊りや音楽を楽しむことができるよ。
❶「お客さまをもてなす」ことを「entertain guests」と言える。

- -

メイッダ　　　**モ**ウストヴョ　　ヴィズィッ
⑮ Make the most of your visit.
滞在を思いっきり楽しんでね。
❶「make the best of」だと「思わしくない状況の中でできることを最大限に楽しむ」というニュアンス。

- -

ハヴァ　　ブ**レ**ズン　　タイマッダ　　ハッ　スプィン
⑯ Have a pleasant time at the hot spring.
温泉を楽しんでね。
❶「露天風呂」は「open air bath」や「outdoor bath」を使う。

- -

DAY3

Lesson 10 ある/いる/食べる

アハヴ
I have …
〜がある/ 〜がいる/ 〜を食べる

聞いてみよう！

屋台で買いたいものがあるのに、1万円札しかないとき。

> ァ**オ**ンリ　ハヴァ　**テ**ンファウズン イェン　**ビ**ォ
> # I only have a 10,000 yen bill.
> 「ビォ」と発音
>
> 1万円札しか持っていない。

いか焼き

1本300円 300YEN EACH

10,000

POINT!

- 「10,000」は「ten thousand」と書くが、最後の「d」は発音しない。
- イギリス英語で「bill」は、「お会計」の意味でも使う。アメリカ英語では「お会計」のことを「check」と表現する。
- 「have」の使い方いろいろ　①ある：I have a headache.（アハヴァ **ヘ**レイッ）「頭が痛い」、②注文する場合：I'll have a lemonade.（アォ ハヴァ レム**ネ**イッ）「レモネードにする」、③経験する：I have difficulty using chopsticks.（アハヴ **ディ**フィコウ ティ ユーズィン **チャ**ッ◇スティックス）「お箸を使うのがむずかしい」など。

Let's talk! 使ってみよう!

アハヴァ　　リロ　**ス**イストゥー
I have a little sister.

妹がいる。

ア**オ**ーウエイズハヴ　**フ**ァナッディ　　アミューズムンパーツ
I always have fun at the amusement park.

あの遊園地ではいつも楽しい時間を過ごす。

❶ 「fun at the」はつなげて発音する。

アハヴ　**フ**ァームリ イン　キューシュー
I have family in Kyushu.

九州に家族がいる。

❶ 「family」の「mi」は「ミ」より「ム」の方がネイティブ発音に近い。

アハヴ　**タ**イン😊
I have time.

「m」のあとは口を閉じる

時間がある。

アハヴァ　ナイ**デ**ィア
I have an idea.

案がある。

❶ 「have an idea」はつなげて発音する。

こんなときなんて言う？

❶「カナダに親戚がいる」
と伝えたい。

☐ ☐ ☐ **in Canada.**

カナダに親戚がいる。

❷ 朝ごはんはパン派か
ごはん派か聞かれた。

☐ ☐ ☐
☐ **breakfast.**

朝食はトーストを食べる。

❸ 医者に「症状は何か」
と聞かれた。

☐ ☐ ☐
headache.

頭が痛い（頭痛です）。

❹ 書くものを探している
ようだ。

☐ ☐ ☐ **pen.**

ペンを持っているよ。

A 正解はこちら。

アハヴ **ウエ**ルティヴズィン **キャ**ーナダ
I have relatives in Canada.

カナダに親戚がいる。

❗「relatives」の「la」は「ラ」より「ル」の方がネイティブ発音に近い。

アハヴ **トウ**ス フ ブエックフス
I have toast for breakfast.

「フス」と発音

朝食はトーストを食べる。

❗「breakfast」の「fast」は「ファス」より「フス」のほうがネイティブ発音に近い。

アハヴァ **ヘ**レイッ
I have a headache.

頭が痛い（頭痛です）。

アハヴァ **ペ**ン
I have a pen.

ペンを持っているよ。

① ァ**オ**ゥナ　　ハウスィンダ　　**カ**ンチュイサイラ　　ジュ**ペ**ーン

① I own a house in the countryside of Japan.

日本の田舎に家を持っている。

❶「都会から離れた地方」のことは「countryside」と言うが、「生まれ故郷」だと「hometown」を使う。

---

② マイ　**ダ**ーギズオーゥ　バッシーズ　ス**テ**ィォ イン　グッ**ヘ**ゥフ

② My dog is old but she's still in good health.

愛犬は高齢だけれど健康。

❶健康であることを「is in good health」または「is still healthy」と言ってもよい。

---

③ ァ**オ**ーゥエイズキーパ　**バ**ールィ　チャージュー　インケイサヴィ**ム**ァージュンスィ

③ I always keep a battery charger in case of emergency.

緊急時のためにいつも充電器を持っている。

❶「I always keep a battery charger just in case.」(念のためにいつも充電器を持っている。)とも表現できる。

---

④ ァ**オ**ーゥエイズ キャーゥィ　アナンブ**エ**ラ　ジュインダ　**ル**ェイニ スィーズン

④ I always carry an umbrella during the rainy season.

梅雨時期にはいつも傘を持ち歩いている。

❶「梅雨」のことを「rainy season」や「wet season」と表現することも可能。

---

⑤ アィア**ダ**ープテッ　ディスダーグ　フォマ**シ**エォトゥー

⑤ I adopted this dog from a shelter.

この犬は収容所から引き取った。

❶動物の収容所のことを「shelter」と表現するが、「shelter」は「避難所」としてもよく使う。

---

⑥ アィ**ウオ**ン　ハヴィッ

⑥ I won't have it!

絶対に許さない!

❶「have」は「許す」という使い方もある。

---

⑦ ァ**オ**ーゥエイズ　ハヴァ　**サ**ーレッ　ビフォーダ　メイン ディッシュ

⑦ I always have a salad before the main dish.

メイン料理の前にはいつもサラダを食べる。

❶アメリカやカナダ(ケベック州以外)ではメイン料理のことを「entrée」とも言う。

---

⑧ マイ　フ**エ**ン　ジャッサラ　**ベ**ィビ

⑧ My friend just had a baby.

友人は赤ちゃんが生まれたばかりなの。

❶「出産する」は「give birth」と表現する。

アイ エンジューアッ スィ**ヴィ**ーア ペイン フマンツ
⑨ I endured severe pain for months.
何カ月間も強い痛みに耐えた。

マイ フ**エ**ン サフーズフォン▱ **テ**ゥィボ **マ**イグエーインズ
⑩ My friend suffers from terrible migraines.
友人はひどい片頭痛持ちである。
❶ 「頭痛」は「headache」と言う。

ア**ォ テ**ィッダ ス**テ**ィッ
⑪ I'll take the steak.
私はステーキにする。
❶ 飲食店などで注文するときに使う。

アハヴィン**マ**イン タチュ**ア**ーヴォ ラク**ァ**ーッス ユーアッ▱
⑫ I have in mind to travel across Europe.
ヨーロッパの国々を旅しようかと考えている。
❶ 「travel across」は「〜を横断する」という意味。

イッハズ タドゥ ウイッダ **ウエ**ドゥ
⑬ It has to do with the weather.
天気と関係がある。
❶ 「have to do with」は「〜と関係がある」という意味。「気候」のことは「climate」と言う。

ハヴィッ **ヨ**ーウェイ
⑭ Have it your way.
どうぞお好きに。
❶ 場合によっては少し突き放した感じにも聞こえるので、ある程度親しい人に使うといい。

ユ ハヴ マイ **ウオ**ード
⑮ You have my word.
約束するよ。
❶ 「I promise.」でもOKだが、「You have my word」の方が言葉の重みを感じる。

ルームァ ハズィッ ダリーゼン**ゲ**イジュドゥ
⑯ Rumor has it that he's engaged.
うわさによると、彼は婚約をしているらしいよ。
❶ 誰から聞いたか言えない情報だったりする場合は「rumor has it」が便利。

Lesson
11

予定を伝える

アン⌣　ガナ
I'm gonna …
〜する（予定）

聞いてみよう！

どこで降りるのか聞かれた。

アン⌣ガナ　ゲ**ラ**ッファッ　シン**ジュ**ーク
I'm gonna get off at Shinjuku.
新宿駅で降りる。

POINT!

● 「I'm gonna」は「I'm going to」の略。話し言葉としては一般的。
● 「未来形」は「will」または「be going to」と習うが、ちょっとした
違いがある。「will」は「その場で決めたこと」を表現するときに
使う。たとえばカフェで注文するときに「I'll have a latte.」（アォ ハヴァ **ラ**ーテイ）（ラ
テにする）と言う。「be going to」は「すでに決まっていたこと」を表現するときに使う。
たとえば、「I'm gonna have lunch with friends today.」（アンガナ ハヴ **ラ**ンチュ
ウィッフ**エン**ズ　タレイ）「今日、友人たちとランチをする」。

Let's talk!　使ってみよう!

アン◇ガナ　ワーチャ　**ムー**ヴィ　タナイッ
I'm gonna watch a movie tonight.
今晩、映画を見る。

アン◇ガナ　ハヴ　**ディ**ヌー　ウィッフ**エン**ズ
I'm gonna have dinner with friends.
今晩、友人たちと一緒にごはんを食べる。

アン◇ガナ　**ウェ**イッフ　ダ　ネックス　バス
I'm gonna wait for the next bus.
> 最後の「t」は発音せず、「ネックス」と発音。

次のバスを待つ。
❶「next」の「x」の「k」の音を軽く発音するため、「t」はほとんど聞こえない。

アン◇ガナ　ゲラ　**カ**ーフィー
I'm gonna get a coffee.
コーヒーを買う。

アン◇ガナ　スペナ　イァーイン　**ジュ**ァームニ
I'm gonna spend a year in Germany.
ドイツで1年過ごす予定。

こんなときなんて言う？

❶ ポップコーンを買いに
   行くことを伝えたい。

☐ **some popcorn.**

ポップコーンを買ってくる。

❷「何日間の滞在？」と
   聞かれた。

☐ **for 3 days.**

ここに3日間滞在する予定。

❸ 注文を聞かれた。

a latte.

ラテにする。（注文の際）

❹ 駅のホームに
   体調不良の人がいる。

☐ **station staff.**

駅員を呼んでくる。

A 正解はこちら。

アン⇔ガナ　ゴーゲッ　スン⇔　**パ**ップコァン

I'm gonna **go get some popcorn.**

ポップコーンを買ってくる。

❶「some」は「いくつかの〜」「いくらかの〜」という意味で、具体的な量を言わず、「ポップコーンをちょっと買ってくる」というニュアンス。「some」がない場合は、ジュースなどほかのものではなく「『ポップコーン』を買ってくる」というニュアンス。

アン⇔ガナ　ステイ　ヒゥ　フ　フ**リ**‐デイズ

I'm gonna **stay here for 3 days.**

ここに3日間滞在する予定。

❶「three (3)」は「スリー」より、「フイー」のほうがネイティブの発音に近い。

アン⇔ガナ　　ゲラ　**ラ**‐ティ

I'm gonna **get a latte.**

ラテにする。（注文の際）

❶「get a」はつなげて発音。「latte」は「ラーテイ」と伸ばす。

アン⇔ガナ　ゴーゲッ　ダス　**テ**ィシュン　スターフ

I'm gonna **go get the station staff.**

> 最後の「k」は発音しなくてOK。　　「tion」は「シュン」と発音

駅員を呼んでくる。

more phrases－ほかにも表現があるよ

アンガナ　ゴウ　ナウ

❶ I'm gonna go now.

もう行くね。

❗「go」は行き先を意識した言い方で「leave」は今いる場所から離れるというニュアンスがある。

アイシュッ　リーヴ　スーン

❷ I should leave soon.

そろそろ行かないと。

❗「I should leave soon」は、本当は行きたくないという気持ちが強いときにも言う。

アンガナ　ヘローフ

❸ I'm gonna head off.

行くね。

❗「～ my head off」だと「激しく」という意味で、「爆笑した」だと「I laughed my head off」と言う。

アイマーフ

❹ I'm off.

行くね。

❗「off」は「お休み」という意味でも使える。「今日は休み」と表現したいときは、「I'm off today.」。

アンガナ　ゲッ　ゴウイン

❺ I'm gonna get going.

そろそろ行くね。

❗「get going」は、「活動を開始させる」という意味としても使える。

アイ　ハフトゥ　ルアン

❻ I have to run.

行かなくては。

❗「run」は「走る」のみではなく「（その場を）去る」という意味でもよく使う。

アン　ハヴィン　ディヌ　ウイッフエンズ

❼ I'm having dinner with friends.

友人たちと一緒に夕食を食べる予定。

❗現在進行形は、近い未来の確定した予定にもよく使う。

アインテン　タゴウ

❽ I intend to go.

行くつもりだ。

❗「intend to」と似た意味で使えるのが「plan to」。

アン⇔ガナ　　ゴウ グ**ア**ップ スン⇔　**ラ**ンチュ

⑨ I'm gonna go grab some lunch.

ちょっとランチを食べに行ってくる。

❶「grab」は「パッととる」という意味なので、「grab lunch」はゆっくり食べるときには使わない。

アン⇔ガナ　　スタリ　アブ**ル**アーッ

⑩ I'm gonna study abroad.

留学する予定。

❶「abroad」と同じような意味の「overseas」は、海を渡って別の国に行く場合に使う。

アン⇔ガナ　　ゴウ グ**ア**ッ スン⇔　　**パ**ップ**コ**アン

⑪ I'm gonna go grab some popcorn.

ちょっとポップコーン買ってくるね。

❶映画館で「grab some popcorn」だと「買う」だが、家だと「取ってくる」という意味でも使う。

アン⇔　　プラニンオン　　ステイン　フア　**ウィ**ーッ

⑫ I'm planning on staying for a week.

1週間滞在する予定です。

❶「I'm planning」は今は予定しているけれど計画が変わるかもしれないというニュアンスがある。

アン⇔ガナ　　ゲラ　**カ**ーフィー　ビフォ　　ヘリン　　タ**ウォ**ーアッ

⑬ I'm gonna get a coffee before heading to work.

コーヒーを飲んでから仕事に行く。

❶「get a coffee」はコーヒーを「買う」、「飲む」、「もらう」のいずれの場合でも使える。

アン⇔ガナ　　ミー**ラ**ップイスン⇔　　フ**エ**ンズ　タナイッ

⑭ I'm gonna meet up with some friends tonight.

今晩、何人かの友人たちと会う予定。

❶「meet」は初めて会うときや知っている人と偶然会ったときにも使える。

アン⇔ガナ　　ワチャ　　**ム**ーヴィ　アッ**ホ**ウン⇔　タナイッ

⑮ I'm gonna watch a movie at home tonight.

今晩、家で映画を見る予定。

❶映画館の場合は「see a movie」、家の場合は「watch a movie」を一般的に使う。

アン⇔ガナ　　テイカ　　クイッ　　**ナ**ーパフトゥ　ランチュ

⑯ I'm gonna take a quick nap after lunch.

昼食のあと、仮眠をとる予定。

❶よく20分程度の仮眠のことを「power nap」とも言う。

Lesson
12

好きな気持ちを伝える

ァ**ラ**ィッ
I like …

〜が好き

聞いてみよう!

旅行が好きであることを伝えたい。

ァ**ラ**ィッ　タ　チュ**ア**ーヴォー
I like to travel.

旅行するのが好き。

POINT!

● 「I like」は、「ァ**ラ**ィッ」と覚えよう。「アイ ライッ」でもOK。
● 「tr」は「チュ」、「vel」は「ヴォー」と発音する。

Let's talk! 使ってみよう!

ァ**ラ**ィッ タ ミーッ **ピ**ーポー
I like to meet people.

「ミート」ではなく「ミーッ」。 「ピーポー」と発音。

人と会うのが好き。

ァ**ラ**ィッ タ ゴー **シ**ァーピン
I like to go shopping.

「ショ」ではなく「シァ」と発音。

ショッピングするのが好き。

ァ**ラ**ィッ フ**エ**ンチュ クイ**ズ**イーン
I like French cuisine.

フランス料理が好き。

❶ 一般的には「cuisine」の前に国や地域の名前をつけ、そこの食材や料理法を使った高級な料理のことを指す。「food」を代わりに使うとよりカジュアルな印象に。

ァ**ラ**ィッ タ ワーチュ **ベ**イスバーォ
I like to watch baseball.

野球を見るのが好き。

❶ 「ball」の「a」は「オ」と「ア」の中間の発音なので、「バーォ」と発音しよう。

 ちょっとひといき

　カナダやアメリカは洗濯物を外干しする習慣がありません。見た目がよくないという理由もありますが、日本の住宅に比べて部屋も広く、洗濯機のほかに乾燥機もあるため、洗濯物を干すということがほとんどないのです。楽ちんですよね。

こんなときなんて言う?

❶ どの犬種が好きか聞かれた。

☐ ☐ ☐ **all.**

どの犬も好き（それ全部好き）。

❷ どの色が好きか聞かれた。

☐ ☐ ☐
☐ **one.**

黒いのが好き。

❸ カクテルがおいしいか聞かれた。

☐ ☐ ☐ ☐ **lot.**

それすごく好き。

❹ どの小鳥がお気に入りか聞かれた。

☐ ☐ ☐ ☐
☐ **, too.**

灰色の小鳥も好き。

A 正解はこちら。

ァ**ラ**ィッ　デ**モ**ーォ
I like them all.
どの犬も好き（それ全部好き）。
👄「all」の「a」は「オ」と「ア」の中間の発音なので、「アーォ」となる。「them」の最後の「m」の音とつなげて「マーォ」と発音する。

ァ**ラ**ィッ　ダ　　ブ**ラ**ッワン
I like the black one.
> 最後の「k」は発音せず、「ッ」になる

黒いのが好き。

ァ**ラ**ィキル**ラ**ッ
I like it a lot.
> 最後の「t」は発音しなくてOK

それすごく好き。
❶「like it a lot」を全部つなげて発音すると「ライキルラッ」になる。

ァ**ラ**ィッ　ダ　　グレイ　ウワン　**トゥ**ー
I like the grey one, too.
灰色の小鳥も好き。
❶「bird」は「ブード」のほうが実際の発音に近い。

① アイ グ**エ**ットゥリ エンジョイ **チュア**ーヴリン
I greatly enjoy traveling.
旅行するのが大好き。

---

② アイ **ラ**ヴオーウッミーォ マフィンズ
I love oatmeal muffins.
オートミールマフィンが大好き。
❶ 北米では昔からオートミールマフィンやオートミールクッキーなど、オートミールはよく使う材料である。

---

③ アイ ルィス**ペ**ッ ピーポ フ フィンツ ビッ
I respect people who think big.
物事を大きく考える人を尊敬する。
❶ 日本人が言う「リスペクト」は「尊敬」＋「憧れ」というニュアンス。

---

④ アイ**チエ**ウィッシュ マイ ファームリ
I cherish my family.
家族を大切にする。
❶ 「cherish」の語源はフランス語の「大切にする」と意味する「chérir」から。

---

⑤ アイエン**ジョ**ィ アンワインディン ウィダ グラーソ ワイン
I enjoy unwinding with a glass of wine.
ワインを一杯飲みながらくつろぐのが好き。
❶ 「unwind」の直訳は巻かれているものを「ほどく」ことから「緊張をほぐす」という意味でもよく使う。

---

⑥ アイ**ア**ーフン ハヴァ ク**エ**ィヴィン フ **チ**ーズ
I often have a craving for cheese.
よく無性にチーズが食べたくなる。
❶ 無性に「甘い物」が食べたいときには「for」のあとに「something sweet」を入れるといい。

---

⑦ アイ ディヴァイヴ グ**エ**ィッ プレジュ フォン ルィーリン
I derive great pleasure from reading.
読書から多くの喜びを得る。
❶ 「derive」のほかに、「get」や「take」も使える。

---

⑧ アイ ディヴァイヴ **サ**ーリス**ファ**ックシュン フォンマイ ウォーアッ
I derive satisfaction from my work.
仕事から満足感を得る。
❶ 「derive」の他に「get」や「obtain」も使える。

アイ **ラ**ヴ　ダ　ラーリス
⑨ I love that artist.

あのアーティスト大好き。

❶ 英語の「artist」とは画家なども含む、ブランドのある「芸術家」のことを指す。

アン⇔　**パー**シュネルバウッ　　ユオピーェン　　**ナー**キテックチュア
⑩ I'm passionate about European architecture.

私はヨーロッパ建築にはまっている。

❶ 「be passionate about」は「〜に夢中である」ことを指す。

アン⇔　**ファー**ンドヴィタリェン　**ワー**インズ
⑪ I'm fond of Italian wines.

イタリアワインがとても好きです。

❶ 「be fond of」はある程度時間が経ってからの「like」の気持ちを表す。

アマ　　**ファー**ノヴェニフィン　　　**チャー**クレッ
⑫ I'm a fan of anything chocolate.

チョコだったら何でも好き。

❶ 「anything that is chocolate」を単純に「anything chocolate」と表現できる。

ア**ミ**ンチュエステッ　イン ナン**ティ**ーックス
⑬ I'm interested in antiques.

私はアンティークに興味がある。

❶ 何かに興味があるときに「I am interesting.」と言うと「私は興味深い人である。」になる。

ア**ミ**ントゥ　　**ルェ**ネサンサーゥッ
⑭ I'm into Renaissance art.

私はルネサンス美術にはまっている。

❶ 「into」は「〜の中に」なので、「be into 〜」のみで「〜にはまっている」と表現できる。

アン⇔　**マー**ラバウッ　　サークー
⑮ I'm mad about soccer.

私はサッカーに夢中です。

❶ 「mad about 〜」は「〜のことで腹を立てている」と意味するが、「〜に夢中」という使い方もある。

アマ**デイ**クティッ　　タ　カーフィー
⑯ I'm addicted to coffee.

私はコーヒーにはまっている。

❶ 「addicted to」は「〜の中毒」という意味から、中毒なくらい好きであることにも使う。

DAY 4

Lesson13

許可を得る

Lesson14

禁止する/制する

Lesson15

義務を伝える

Lesson16

意見を言う

Lesson 13 許可を得る

シュライ
Should I …?
〜したほうがいい？ / 〜すべき？

聞いてみよう!

体調を崩して倒れている人がいる。

> シュライ　カーラ　ナンビュルンス
> # Should I call an ambulance?
> 救急車を呼んだほうがいい？

POINT!

● 「should」と「I」はつなげて「シュライ」と発音する。
● 「ambulance」の「la」は「ラ」ではなく「ル」と発音する。
● 「should」は義務を表す「〜すべき」の意味と、ちょっとしたアドバイスをするときに使う「〜したほうがいい」という意味で使える。疑問文である「Should I …?」の場合は相手にアドバイスを求めている意味になる。

Let's talk! 使ってみよう!

シュライ　　イーッディス　**フゥ**ース
Should I eat this first?

これを先に食べるべき?

❶ 「first」の「フ」を強く言うので、その前の「ス」も軽く発音する。

シュライ　　　ゴウデァ　　**フゥ**ース
Should I go there first?

最初にそこに行くべき?

シュライ　　**アー**スキン😗
Should I ask him?

> 「h」は発音しなくてOK。

彼に聞いたほうがいいかな?

❶ 本来「him」は「h」の発音もするが、この場合「ask」の「k」の音とつなげるので消す。

シュライ　　ゴウ　**デ**ィッスウェイ
Should I go this way?

こっちに行くべき?

シュライ　　ヴィズィッ モンチュイ**アー**ォ
Should I visit Montreal?

モントリオールを訪れるべき?

こんなときなんて言う?

❶ どのバスに乗れば
よいのか知りたい。

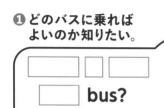

	bus?

このバスに乗るべき?

❷ どのジャケットを
買おうか迷っている。

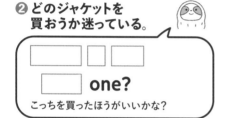

	one?

こっちを買ったほうがいいかな?

❸ 相手が寒そうに
している。

	window?

窓を閉めてほしい?

❹ 歩ける距離なのか
知りたい。

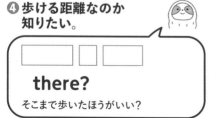

there?

そこまで歩いたほうがいい?

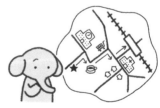

A 正解はこちら。

シュライ　ティッ**デイ**ス　バス
Should I take this bus?

> 「テイク」ではなく、「テイッ」

このバスに乗るべき?

シュライ　グッ　**デイ**スワン
Should I get this one?

> 「ゲット」ではなく、「ゲッ」

こっちを買ったほうがいいかな?

シュライ　ク**ロ**ーゥズ　ダ　**ウイ**ンドゥ
Should I close the window?

窓を閉めてほしい?

シュライ　**ウ**アーッ　デァ
Should I walk there?

そこまで歩いたほうがいい?

❶「ウアーッ」は「walk」(歩く)の発音に近い。「work」は「ウォァーッ」のほう
が近い。

107

❶ ウジュライッミル　コァーラ**ナ**ンビュルンス
Would you like me to call an ambulance?
救急車を呼びましょうか？
❶「would you like」の後に「me to ＋動詞」を付けると、「～しましょうか」という意味になる。

❷ エ**マ**イ　スポウストゥ　テイカォフ　マイ**シュ**ーズ　ヒゥ
Am I supposed to take off my shoes here?
ここでは靴を脱ぐべきでしょうか？
❶「should」はアドバイスを伺うときに使う。「supposed to」は「ルール」というイメージが強い。

❸ ドゥアイ　イーッディス　**フウ**ース
Do I eat this first?
これを先に食べるべき？
❶「べき」という単語がないが、ここには「べき」の意味合いが含まれている。

❹ ウリッビ**ベ**ラー　イファイ　ウ**エ**イレラリル　ラングア
Would it be better if I waited a little longer?
もう少し待ったほうがいいかな？
❶「a little longer」の時間の長さは、話の内容による。

❺ ウリッビ　モァ　クン**ヴィ**ーニゥン　トゥ　テイッダ　チュ**エ**イン
Would it be more convenient to take the train?
電車に乗ったほうが便利かな？
❶皮肉っぽく「ずいぶんと虫のいい話だね」は「How convenient!」と表現できる。

❻ ウリッビ　**ワ**イズラ　ウェイッフダ　ネックサーブ**テュ**ーニリ
Would it be wiser to wait for the next opportunity?
次の機会を待ったほうが賢いかな？
❶「chance」は運よく得た機会で、「opportunity」は自分の力から得た機会というニュアンス。

❼ アイン⟷ディ**ベ**イリン　ウェドゥ　アイシュッ　ヴィズィッ　ホッ**カ**イドゥ　オァ　オウキ**ナ**ーワ
I'm debating whether I should visit Hokkaido or Okinawa.
北海道に行くか沖縄に行くか迷っている。
❶「debate」はもともと「討論」や「議論」という意味がある。

❽ アイ**キエ**ーンディサイッ　ウェドゥ　アイシュッ　ハヴ　**ス**ーシ　オァ　テン**プ**ーラ　タナイッ
I can't decide whether I should have sushi or tempura tonight.
今晩、寿司にしようか天ぷらにしようか迷っている。
❶「I can't decide」は決められなくて少しフラストレーションを感じているときに使う。

アン⟺ フィンキングバウッ　ウェドゥ　アイシュラク**セップ** ディ アーフォア**ナッ**
⑨ I'm thinking about whether I should accept the offer or not.
オファーを受けるべきかどうか検討している。
❶ やんわりと「オファーを断る」場合は「decline the offer」を使うとよい。

アン⟺　**ワ**ヌイン　イファイ　シュッ　**ゴ**ウオナッ
⑩ I'm wondering if I should go or not.
行くべきかどうかを考えている。
❶ 「I'm wondering if」は遠回しな言い方で、「～してくれませんか?」と表現するときの大人っぽい表現。

ワッジュ　スジェッサイ **ドゥ**
⑪ What would you suggest I do?
どうすればいいと思う?
❶ 「もし、あなたが私の立場ならどうすべきだとアドバイスする?」というニュアンス。

イフユワー　インマイ**シューズ ワ**ッ　ウジュドゥ
⑫ If you were in my shoes, what would you do?
もしあなたが私の立場ならどうする?
❶ 「be in (誰々の) shoes」とは「(誰々の) 立場に身を置いてみる」という意味。

イズィッ **ウア**ーキン　ディストゥンス
⑬ Is it walking distance?
歩ける距離?
❶ 「徒歩 (数字) 分」と答える時には「(数字) minutes on foot」と表現する。

 ちょっとひといき

　父が某商社のモントリオール支店に勤めていたころの話。日本からお客様が来て、その方が現地の人に「何を食べたいか」と英語で聞かれたとき、「アイ ワント バイキング」と答えたそう。その結果、連れて行ってくれたのが「バーガーキング」だったとか (笑)。ちなみに「バイキング」のことを英語では「Viking」ではなく「buffet」と言います。

DAY4

Lesson 14

禁止する/制する

ドン
Don't …
～しないで

聞いてみよう！

迷子になって泣いている子がいる。

> ### ドン　　ウァーリ
> ### Don't worry.
> 心配しないで。

mama

POINT！

- 「学校では「don't」は「do not」の短縮形だと学ぶが、会話では「強調」するニュアンスの違いがある。「do not」は、否定している内容を強調して言っているイメージ。たとえば「Don't listen to him.」(**ドン** リスン タヒン⤵)だと「彼の言うことを聞いたらダメ」だが、「Do not listen to him.」(ドゥ **ナッ** リスン タヒン⤵)だと「絶対に彼の言うことを聞かないで!」と、かなり強い言い方になる。

Let's talk!　使ってみよう!

ドン　　テイッダッ　チュエイン
Don't take that train.

> kの音を消して「ッ」を入れる。

その電車は違うよ。

❶ この文章は、「その電車を選んだらダメ」というイメージ。

ドン　　フゲッ
Don't forget!

> 「for」は「フォー」じゃなく「フ」が近い。

忘れないでね!

ドン　　ファーラスリーパン　　ダ チュエイン
Don't fall asleep on the train.

> 「fall~the」はつなげる。

電車の中で寝ないでね。

❶ 「寝る」は厳密に言うと「sleep」。「fall asleep」は「眠りに落ちる」というニュアンス。

ドン　　ゲロン　　ダッ　バス
Don't get on that bus.

> 「get on」はつなげて「ゲロン」と発音。

そのバスに乗らないで。

ドン　ゴゥ　デア
Don't go there.

そこへ行ってはだめ。

こんなときなんて言う?

❶ 相手が赤ちゃんを抱くのを怖がっている。

☐ ☐ **afraid.**

怖がらないで。

❷ 相手が芸術品を触ろうとしている。

☐ ☐ **it!**

それを触らないで。

❸ 相手が飲んではいけないものを飲もうとしている。

☐ ☐ **that.**

それを飲んではだめ。

❹ 相手が開けてはいけないドアを開けようとしている。

☐ ☐ **it.**

それを開けないで。

A 正解はこちら。

ド_ン　ビアフ**エイ**ッ
Don't be afraid.
怖がらないで。

ド_ン　**タ**チイッ
Don't touch it!

「タチッ」と発音する

それに触らないで。

ド_ン　ジュ**イ**ンッ ダッ
Don't drink that.
それを飲んではだめ。

ド_ン　**ノ**ープニッ
Don't open it.

「n't op」を「ノープ」と発音する

それを開けないで。
❶ Don'tの「n't」のあとに母音がくるので「ナ行」に変わる。

113

① デァズ　ノゥ　ニーッ　タ　ウァーリ
There's no need to worry.
心配する必要はない。
❶「No worries.」は、相手の「ありがとう」「ごめんね」に対しての「気にしないで」にも使える。

② デザップソルーッリ　ノゥ　ニーッ　タ　パーニッ
There's absolutely no need to panic.
あわてる必要はまったくない。
❶ 相手に「落ち着いて!」と伝えたいときには「Chill!」というスラングを使うこともある。

③ ダッツナッ　ダチュエイン　ユワナ　テイッ
That's not the train you wanna take.
その電車に乗ったらダメ。
❶「あなたが乗りたいのはその電車ではない」と決めつけているようだが、英語では一般的な表現。

④ アウルン　チューズ　ダッホウテゥ　イッファイウォユー
I wouldn't choose that hotel if I were you.
私だったらそのホテルを選ばない。
❶「もしそのホテルを選んだら後悔するよ」というニュアンスが裏にある。

⑤ ルィメンブ　トゥ　チュアンスフ　アッ　トツカ　ステイシュン
Remember to transfer at Totsuka Station.
戸塚駅で乗り換えることを覚えておいてね。
❶「change」を使って「change trains」または「change lines」と表現することも可能。

⑥ キーッ⇔　ダリン　マインッ
Keep that in mind.
そのことを気に留めておいてね。
❶「keep in mind that」の後に相手に覚えておいてほしい内容を追加することも可能。

⑦ チュアイル　ステイ　ウェイッ
Try to stay awake.
がんばって起きていてね。

⑧ ドン　ドゥザーッフ
Don't doze off.
居眠りしないでね。
❶「doze off」は座ったままコックンコックン、「snooze」は布団に入らずその場で思わず寝てしまうイメージ。

⑨ That bus won't take you there.
ダッ　バスオン　　テイキュ　　デア
そのバスはそこに行かないよ。

---

⑩ The station is not that way.
ダ　ステイシュニズ　**ナッダッ**　ウェイ
駅はそっち方面ではないよ。

---

⑪ That's not edible.
ダッツ　　ナ**レ**リボー
それは食べられないよ。
❶ 「You can't eat that.」だと、「食べてはいけない」と聞こえてしまうこともある。

---

⑫ That water is not potable.
ダッ　ウァール　イズ**ナ**ッ　ポウラボー
その水は飲めないよ。
❶ 「potable」は「飲料に適した」という意味で、逆は「non-potable」と表現する。

---

⑬ Not to worry, everything's under control.
ナットゥ　ウァーリ　**エ**ヴィフィングザンドゥ　カンチュ**オ**ーゥ
問題ないから心配しないで。
❶ 「everything's under control」は相手を安心させたいときによく使うフレーズ。

---

⑭ Don't hesitate to ask if you need any help.
ドン　**ヘ**ズィテイッ　タ　**ア**ースキフュ　ニーレニ　**ヘ**ォッ◁
何か手伝ってほしい時には遠慮なく言ってね。
❶ 「hesitate」とは「ためらう」という意味で、何かあったときには気軽に言ってね、というニュアンス。

---

⑮ Don't let rain ruin your day.
ドンレッ　**ル**ェイン　ルーイニョ　**ディ**
雨だけど楽しくいこう。
❶ 雨でがっかりしているときに、相手を元気づけるためによく使うフレーズ。

---

⑯ Don't give up, keep trying!
ドン　ギ**ヴァ**ッ◁　キーッ◁チュ**ア**ーイン
あきらめないでがんばって!
❶ 「keep trying」は「うまくいくまで続けて」というニュアンス。

Lesson 15 義務を伝える

アハフタ
I have to …
~しなければいけない

聞いてみよう！

日程について聞かれた。

> アハフタ　　チェッ　マイ　スケジューォ
> # I have to check my schedule.
> 「have to」は「ハフタ」と発音
>
> スケジュールを確認しなくてはいけない。

POINT!

- 「have to」はつなげて「ハフタ」か「ハフトゥ」と発音しよう。
- 「schedule」の語尾の「le」はほとんど聞こえないので「ォ」を入れるとよい。

Let's talk! 使ってみよう!

アハフタ　　チュ**ア**ンスフ　アット トーウキョーウ　ス**テ**ィシュン
I have to transfer at Tokyo Station.

trの音は「チュ」と発音　　　　tionは「シュン」と発音

東京駅で乗り換えないといけない。

アハフタ　**カ**ーォ トゥ クンファーン⌣ マイ　**ブ**キン
I have to call to confirm my booking.

「confilm」は唇を移動して「クンフーン⌣」と発音

予約を確認するために電話しなくてはいけない。

アハフタ　　**カ**ンタッ　ダ　ホウ**テ**ォ
I have to contact the hotel.

「co」は「カ」と発音　　最後の「t」は発音しなくてOK

ホテルに連絡しなくてはいけない。

アハフタ　　ゴウピカッ⌣　マイ　**ラ**ゲッジュ
I have to go pick up my luggage.

この「p」はくちびるを閉じて発音

荷物を取りに行かないといけない。

アハフタ　　ファイナ　ソ**ル**ーシュン
I have to find a solution.

「nd＋母音」で「な行」に変わる

解決策を見つけなくてはいけない。

こんなときなんて言う？

① 2次会に誘われた けれど、行けない。

□ □ □ □
□ early tomorrow.

明日の朝、早く起きないといけない。

② 病院に行かないと いけない。

□ □ □ □
□ a doctor.

医者に診てもらわないといけない。

③ 気まずい相手…やんわりと 会話を終わらせたい。

□ □ □
□ going.

そろそろ行かなければ。

④ 誘われたけれど、 行けない。

□ □ □ □
□ things.

いくつか用事を済ませないといけない。

A 正解はこちら。

アハフタ　　ウェイカッ**プ**ーリ　　トゥマーロゥ
I have to wake up early tomorrow.

「wake up early」をつなげて発音

明日の朝、早く起きないといけない。

アハフタ　　　ゴッスィア　**ダ**クトゥー
I have to go see a doctor.

「do」は「ダ」と発音

医者に診てもらわないといけない。

アハフタ　　ゲッ　**ゴ**ウイン
I have to get going.

最後の「t」は発音しなくてOK

そろそろ行かなければ。

アハフタ　ドゥー　スン　**フィ**ングズ
I have to do some things.

「me」はくちびるを閉じて発音

いくつか用事を済ませないといけない。

119

❶ I have to be more careful.
アハフタ　ビモ　ケォフォー

もっと気を付けなきゃ。

---

❷ I must sign up after the 30-day trial.
アマッサイナッ　パフタダ　フーアリデイ　チュアイオー

30日間のトライアル期間のあとは入会手続きをしなくてはいけない。

❶「〜の参加申し込みをする」や「〜の契約をする」ときには「sign up＋for」を使う。

---

❸ I must notify them if I wanna cancel.
アマッス　ノウリファイレ　ミファイ　ワナ　キャンソー

キャンセルしたい場合は、彼らに知らせないといけない。

❶「notify」は「知らせる」だけれど、正式に人に通知するというニュアンスがある。

---

❹ I must get going.
アマッス　ゲッ　ゴウィン

そろそろ行かなくては。

❶「get going」のほかにも「hit the road」、「hit the trail」、「head out」などが使われる。

---

❺ I'm supposed to be there by now.
アン　スポウズタ　ビーデァ　バイナウ

今頃もうそこに着いていなきゃいけないんだけど。

❶「by now」のあとに時間を入れると「〜時までには」という意味になる。

---

❻ I'm supposed to meet them later.
アン　スポウズタ　ミーッデン　レイルー

あとで彼らと会うことになっている。

---

❼ I'm supposed to get on that train.
アン　スポウズタ　ゲロンダッ　チュエイン

あの電車に乗らなければいけない。

---

❽ I'm supposed to see a 7-Eleven soon.
アン　スポウズタ　スィア　セヴニレヴン　スーン

もうすぐセブンイレブンが見えるはず。

❶この場合、「地図（または彼）によると」という意味合いが含まれている。

---

⑨ I've gotta find a way to get there.

アイヴガラ　　　　ファイナウェイル　　　　ゲッデア

そこにたどり着く方法を見つけなくては。

❶「find a way」は直訳すると「道を見つける」だけれどこの場合の「way」は「方法」というニュアンス。

---

⑩ I've gotta make plans for tonight.

アイヴガラ　　メイッ　プラーンズ　フ　　タナイッ

今晩の予定を立てなくては。

---

⑪ I've gotta send her a message.

アイヴガラ　　　　セヌア　　　　メッスィジ

彼女にメッセージを送らなくては。

---

⑫ I'm afraid I must go.

アマフエィライ　　マッス　ゴゥ

残念ながらもう行かなくては。

❶ 何かを丁寧に断りたいときに「I'm afraid」を先に入れると柔らかくなる。

---

⑬ I have to run some errands.

アハフタ　　ルァン　　スメーウンツ

いくつか用事をすませないといけない。

❶「用事」や「雑用」のことを「chore」とも言うが、外の用事は「run errands」をよく使う。

---

⑭ I have to consult a doctor.

アハフタ　　クンソウタ　　ダクトゥー

医者に診てもらわないといけない。

❶「consult」は「専門家に意見を聞く」というニュアンスがある。

---

⑮ I need to find a pharmacy.

アイニーッタ　　ファイナ　　ファームスィ

薬局を見つけなければ。

❶「pharmacy」は薬のみ、「drugstore」は薬以外の日用品も置いていることが多い。

---

⑯ I ought to quit drinking.

アイアーッタ　　クイッ　ジュインキン

お酒をやめるべきなんだ。

❶「ought to」は、主語が「you」の場合は「should」より「ought to」の方が、意味が少し強くなる。

DAY 4

意見を言う

アイ **フインッ**
I think …
〜と思う

聞いてみよう!

方向が合っていると思うことを伝えたい。

> アィ **フインッ** ディスィズ ダ ルァイッ **ウェ**ィ
> # I think this is the right way.
> 正しい道だと思うよ。

POINT!

- 日本語で「〜と思う」と使うときでも、英語だと「I think」を使わないことが多い。たとえば、「明日の試合でがんばりたいと思います!」を英語で「I think I will do my best at tomorrow's game.」と言ってしまうと、「やる気あるの…?」と微妙な表現になってしまう。
- 「think」を使った表現には「come to think of it」（カン⇔トゥ フィンコヴィッ）（そう言えば・考えてみれば）や「think twice」（フィンク トゥワイス）（何かをする前によく考える・考え直す）がある。

122

Let's talk! 使ってみよう!

アイ **フ**ィンキッツダ ネックス**タ**ッ

I think it's the next stop.

「stop」は「スタッ」のあと「p」は口を閉じて発音する

次の駅だと思う。

❶「stop」は「ストップ」より「スタッ」のほうがネイティブの発音に近い。

アイ**フ**インッ ソウ

I think so.

そうだと思う。

アイ**フ**インッ ダッツ トゥー**フ**ァー

I think that's too far.

ちょっと遠すぎると思う。

アイ **フ**ィンキロウプンザッ テナク**ラ**ッ

I think it opens at 10 o'clock.

「o'clock」は「アクラッ」と発音

10 時に開くと思う。

❶「think it opens at」はつなげて発音する。

アイ **フ**ィンキュ シュラスキャッダ フオンッ **デ**ッス

I think you should ask at the front desk.

フロントに聞いてみるといいと思う。

こんなときなんて言う？

① シャツが似合うか
聞かれた。

□ □ □ □

□ **on you.**

似合うと思うよ。

② お花が枯れそうだ…。

□ □ □

□ **water.**

水が必要だと思う。

③ 相手の携帯の画面が
ボロボロだ。

□ □ □ □

□ □ **cellphone.**

新しい携帯を買ったほうがいいと思う。

④ 友だちと味比べを
している。

□ □ □

□ **better.**

こっちのほうがおいしいと思うよ。

A 正解はこちら。

アイ **フ**ィンキッ ルックス **グ**ロンニュ
I think it looks good on you.

> 「it」の「t」は発音せず、「イッ」と発音

似合うと思うよ。

アイ フィンキッ ニーズ ウァールー
I think it needs water.

> 「it」の「t」は発音せず、「イッ」と発音

水が必要だと思う。

❶「water」の北米とイギリス発音の違い。
北米発音：「ウァール」、イギリス：「ウォーター」または「ウォッア」

アイ **フ**ィンキュ ニーラ ニュー **セ**ォフォーゥン
I think you need a new cellphone.

> 「need a」は「ニーラ」と発音

新しい携帯を買ったほうがいいと思う。

アイ **フ**ィンッ**デ**イス テイスツ **ベ**ラー
I think this tastes better.

こっちのほうがおいしいと思うよ。

❶ イン **マ**イウピニゥン　デヤマ**ノ**ウテ　ライン　ウィオ　テイキュ　デァ **ファ**ーストゥ

In my opinion, the Yamanote Line will take you there faster.

（私の意見では）山手線に乗ったほうが早く着くと思う。

❶ 英語で「In my opinion」を使う場合は「I think」はいらない。

---

❷ イファイン⇔ クレック　　ダッバス　　カン⇔ゼヴィ **フィ**フティーン ミニッツ

If I'm correct, that bus comes every 15 minutes.

確かそのバスは15分おきに来ると思う。

❶ 「If I'm correct」は直訳すると「もし私が正しければ」になる。

---

❸ イフマイ **メ**ムイ スーヴズミ **ル**アイッ デァ **ユ**ースタビア キャー**フェ**イ ウルァウン ヒゥ

If my memory serves me right, there used to be a café around here.

確かこの辺りにカフェがあったと思う。

❶ 「If my memory serves me right」は直訳すると「私の記憶に間違いないとすれば」。

---

❹ イファイン⇔ナッ ミス**テ**イクン　ダムーヴイ　　カン⇔ザウッ　トゥ **マ**ーロウ

If I'm not mistaken, the movie comes out tomorrow.

映画は確か明日公開されると思う。

❶ 「come out」は「出てくる」という意味だが、「映画が公開される」という意味でも使う。

---

❺ イフマイ　　**メ**ムイズ　　クレック　デイ　ユーストゥ **デ**ィッ

If my memory is correct, they used to date.

確かあの2人は以前付き合っていたよ。

❶ 「used to」は「以前〜だった（今は違う）」というニュアンス。

---

❻ アイ**ア**ーヌスリ ビリーヴ　シーズダ**ベ**ッス プレーユーインダ**テ**ィーン⇔

I honestly believe she's the best player in the team.

彼女はチームの中で最高の選手だと本気で思っている。

❶ 「honestly believe」とは「心から信じる」という意味。

---

❼ イッ**ス**ィーン⇔ズ トゥミー　　ダヒ**ラ**イッ　　トゥユ

It seems to me that he lied to you.

私には彼はあなたにうそをついたように思える。

❶ 似た表現で「it appears to me」（（視覚的に）〜のように見える）がある。

---

❽ アズ**ファ**ーアザイキュンテォ　ユ**デ**イリン ドゥー エニフィン **ウォ**ーン

As far as I can tell, you didn't do anything wrong.

私のわかる限りではあなたは悪いことを何もしていない。

❶ 似た表現で「as far as I know」（私の知る限りでは）もある。

アン◯ プ**イ**リシュー ディス プレイサザ **ニュー オ**ゥヌー
⑨ I'm pretty sure this place has a new owner.

このお店新しいオーナーに変わったに違いないと思う。

❶「pretty」とは「かわいい」という意味があるが、「かなり」という意味の「程度」を表す言葉でもある。

イフユアース**ミ**ー ディスィザ ウェイスタ **タ**イン◯
⑩ If you ask me, this is a waste of time.

私に言わせればこれは時間の無駄だよ。

❶「if you ask me」は「もしあなたが私に尋ねたら〜」になるが、自分の意見を述べたいときによく使う。

アイガラ**セ**イ ルェッ **スー**ッユ
⑪ I gotta say, red suits you.

言わせてもらうと、赤が似合っているよ。

❶「I gotta say」は「どうしても言いたい」というニュアンスがある。

マイ **ハン**チズダッ ディ**ユーエス**ティーミズ ガナ ウィン
⑫ My hunch is that the U.S. team is gonna win.

私の勘ではアメリカ代表チームが勝つだろう。

❶「hunch」は「直感」のこと。「I have a hunch that 〜」(〜という予感がする)と表現することも。

イッゴウズ ウィダウッ **セー**イン ダッ シノウザ**ラ**ラバウッ ミューズィッ
⑬ It goes without saying that she knows a lot about music.

彼女の音楽に関する知識が豊富であることは言うまでもない。

❶「it goes without saying」は何かが常識であると伝えたいときにも使う。

マイ**ガ**ッ テォズミ イッツガナ **ル**ェイン ディサフトゥヌーン
⑭ My gut tells me it's gonna rain this afternoon.

午後雨が降るような予感がする。

❶日本語で「ガッツ(勇気)がある」と言うが、英語も同じ意味で「to have guts」を使う。

アン◯**カ**ーンフィドゥン ダッウィオ メイキロンタイン◯
⑮ I'm confident that we'll make it on time.

私たち、絶対に間に合う。

❶「confident」は「自信がある」ことで、「make it on time」は「間に合う」という意味。

アン◯ クン**ヴ**ィンスティーズ ダ **プ**ーフェッ キャーンディデイッ
⑯ I'm convinced he's the perfect candidate.

彼は理想の候補者だと確信している。

DAY 5

Lesson17

お願いする

Lesson18

過去の経験を伝える

Lesson21

尋ねる

Lesson19
条件を伝える

Lesson20
希望を伝える

DAY5

Lesson 17

お願いする

クジュ
Could you …?
〜してくれる? / 〜できる?

聞いてみよう!

観光地で写真を撮ってほしい。

クジュ　　　　テイッ　マイ　**ピッチュー**
Could you **take my picture**?

「ke」は「ッ」と発音

写真を撮ってくれる?

POINT!

●「依頼するときの表現「Can you」。これは少しカジュアルなイメージで、「Could you」は少し丁寧な頼み方。

●声をかけるときには、「excuse me」(スキューズ ミ)を添えると、さらに丁寧な印象。

Let's talk! 使ってみよう!

クジュ　　　ヘオッ◇ミ
Could you **help me**?
「p」はくちびるを閉じて発音

助けてくれる?

- -

クジュ　　　ルィ**ピ**ーッダ　　ク**エ**スチュン
Could you **repeat the question**?
「tion」は「チュン」と発音

質問をもう一度言ってくれる?
❶「question」のtionは「チョン」より「チュン」のほうがネイティブの発音に近い。

- -

クジュ　　　　**ホ**ウッダ　　ドア
Could you **hold the door**?
最後の「d」は発音しない

ドアを押さえてくれる?
❶「hold」の「d」は続く「the」と似た発音なので、サッと消してすぐに「ダ」を発音する。

- -

クジュ　　　ス**ピ**ーッ　モー　ス**ロ**ーウリ
Could you **speak more slowly**?
最後の「k」は発音しない

もっとゆっくり話してくれる?
❶「speak」の「k」の音の後ろに子音がくるのでサッと消して「ッ」と置き換える。

- -

クジュ　　　**ショ**ゥ　ミ
Could you **show me**?
見せてくれる?

- -

こんなときなんて言う？

❶ ドアを開けてほしい。

	door?

ドアを開けてくれる？

❷ エレベーターのボタンを
押してほしい。

		press 5?

5階を押してくれる？

❸ 大きな音がする中、
声をかけられた。

	again?

もう一度言ってくれる？

❹ 相手の発音が
わからない。

	down?

紙に書いてくれる？

Mc Gill
Street

A 正解はこちら。

クジュ **オ**ゥプンダ ドア
Could you **open the door**?
ドアを開けてくれる?

クジュ プレス **フア**ィヴ
Could you **press 5**?
5階を押してくれる?

クジュ **セ**ィダルゲン
Could you **say that again**?
もう一度言ってくれる?

❶「say that again」はつなげて「セイダルゲン」と発音。
❶「繰り返す」という意味の「repeat」を使って「Could you repeat that?」(クジュ ルィピーッ ダッ)と表現してもよい。

クジュ **ルア**ィリッ **ダ**ゥン
Could you **write it down**?

> 「t」は発音せず、「イッ」となる

紙に書いてくれる?
❶「it」の「t」の後ろに子音がくるので、「ッ」と置き換える。

more phrases ーほかにも表現があるよ

❶ I was wondering if you could open the window.
アワズ　ワヌイン　イフュクロウプン　ダウインドゥ
窓を開けてくれませんか。
❶ この文章を直訳すると「窓を開けてくれるかなと思っていた」になる。

---

❷ By any chance, would it be possible to get a different seat?
バイエニチャンス　ウリッピ　パースィボー　トゥゲラ　ディフエンツ　スイーッ
別の席に変えることは可能でしょうか？
❶「by any chance」は「もしかして」または「ひょっとして」という意味。

---

❸ Do you mind turning off the air conditioner?
デュマイン　トゥーニンアーフ　ディ　エアクンディシュヌー
エアコンを切っていただけますか？
❶「Do you mind ～?」は「～を気にしますか?」なので、「はい」の場合は「no」と答える。

---

❹ Would it be possible to get a copy of that document?
ウリッピ　パースィボ　トゥゲラ　カーピアダッ　ダーキュメンツ
その書類のコピーをいただくことは可能ですか？
❶「is it possible to」のさらに丁寧な言い方が「would it be possible to」になる。

---

❺ If it's not too much to ask, could you write that down?
イフイッツ　ナットトゥー　マッチュ　トゥアースク　クジュ　ルァイリッダッダウン
それを書いてくださいますか？
❶「if it's not asking too much」の直訳は「もし望みすぎでなければ」になる。

---

❻ Could you please close the door on your way out?
クジュ　プリーズ　クロウズ　ダドァ　アニョウェイ　アゥッ
出るときにドアを閉めてくださいますか？
❶「on your way out」は「退室する」または「退出する」の意味。

---

❼ Would you mind showing me the actual product?
ウジュマイン　ショウィンミ　ディ アックチュオ　プアーダッ
実際の商品を見せてくださいますか？
❶「Would you mind ～?」は「Do you mind～?」のさらに丁寧な表現。

---

❽ When you have a chance, could you check tomorrow's weather?
ウェニュハヴァ　チャンス　クジュチェッ　トゥマーロウズ　ウェドゥ
手が空いたときに明日の天気を確認してくれる？
❶「when you have a chance」は「when you have time」（時間があるときに）とも表現できる。

デュフィンキュクッ　　　　　　**ヘオ**ッ◇ミ　ウィッマイ　　ラゲッジュ

⑨ Do you think you could help me with my luggage?

荷物を運ぶのを手伝ってもらえませんか？

❶「do you think」を入れることで丁寧な頼み方になる。

　イフュ**ハ**ヴァ　　モウメンッ　　クジュ　　テイカォ　**ピ**ッチュー

⑩ If you have a moment, could you take our picture?

もしお時間がありましたら写真を撮ってくれませんか？

❶「moment」は「一瞬」や「瞬間」という意味。

イフィッツナッ　トゥーマッ チュ**ア**ボー　クジュ　スイッチュ **ス**イーツウィッミ

⑪ If it's not too much trouble, could you switch seats with me?

もしご迷惑でなければ席をかわっていただけませんか？

❶快く「いいですよ」と返事するときによく「No trouble at all!」という。

　イフ**パ**ースィボー　　　　　クジュキーピッ　　　　**ダ**ウナリロ

⑫ If possible, could you keep it down a little?

もう少し静かにしていただけませんか？

❶「if possible」は少し頼みにくいことを伝えたいときに入れるとやわらかくなる。

　　クライプ**リ**ー　　ザースキュル プレイス　ヨバッゴン　　ディオウヴアヘッ **ル**アック

⑬ Could I please ask you to place your bag on the overhead rack?

バッグを上の棚に置いていただけませんか？

❶「could I please ask you to」は相手がやって当然だと思うことを頼むときに使うことが多い。

アイノウ　ディスイザースキン ア**ラ**ッ　　バックジュ　**チェ**インジュ マイ スィーッ トゥア **ウ**インドウ スィーッ

⑭ I know this is asking a lot but could you change my seat to a window seat?

図々しいのは承知の上なのですが、席を窓側の席に変えていただけませんか？

❶「ask a lot」は「多く求める」という意味。「通路側」だと「aisle」と言う。

　イフュロン　　　マインミ　**ア**ースキン　　ハウジュ　　トゥー　**ミ**ーッ

⑮ If you don't mind me asking, how did you two meet?

（もし差支えなければ、質問しますが）おふたりはどのように知り合ったのですか？

❶「if you don't mind my asking」もよく言う。

過去の経験を伝える

ア **ユ**ース **タ**
I used to …

以前～していた

聞いてみよう!

以前サッカーをしていたことを伝えたい。

ア**ユ**ースタ　プレイ　**サ**ークー
I used to play soccer.

最後の「d」は発音しない。後ろの「to」とくっついて、「ユースタ」になる

以前は**サッカー**をしていた。

POINT!

- 「I used to」は「以前は～だった（～していた）」というニュアンス（今はもうそうではない）。
- 過去のことを指すが、動詞は原形のまま。
- 似たような表現で「～に慣れている」という意味の「be used to」がある。たとえば、「I'm used to this.」（アン⌣**ユ**ースタ ディス）（これには慣れている。）という使い方をする。

Let's talk! 使ってみよう!

ア**ユ**ースタ　リヴィン　**キャ**ーナダ
I used to live in Canada.

以前カナダに住んでいた。

ア**ユ**ースタ　**ウオ**アーッ　フダッ　カンプ二
I used to work for that company.

以前その会社に勤めていた。

ア**ユ**ースタ　ライッ　**シャ**ーピン
I used to like shopping.

以前ショッピングが好きだった。

ア**ユ**ースタ　ワチャラーラ　**デイ**ズ二 ムーヴィーズ
I used to watch a lot of Disney movies.
「watch a lot of」は「ワチャラーラ」とつなげて発音

以前ディズニー映画をよく見ていた。
❗「watch a lot of」はつなげて発音するとネイティブっぽく聞こえる。

ア**ユ**ースタ　チュアーヴォ　レヴイ　イーア
I used to travel every year.
「tr」は「チュ」と発音

以前は毎年旅行をしていた。
❗「travel every」はつなげて「チュアーヴォレヴイ」と発音する。

こんなときなんて言う？

❶ 「以前、パリに住んでいた」ことを伝えたい。

☐ ☐ ☐
☐ **in Paris.**

以前はパリに住んでいた。

❷ 「以前、コーヒーをたくさん飲んでいた」ことを伝えたい。

☐ ☐ ☐ ☐
☐ ☐ **of coffee.**

以前はコーヒーをよく飲んでいた。

❸ 「以前は視力がよかった」ことを伝えたい。

☐ ☐ ☐ ☐
☐ **eyesight.**

以前は視力がよかった。

❹ 「以前、日記を書いていた」ことを伝えたい。

☐ ☐ ☐
☐ **a diary.**

以前は日記を書いていた。

正解はこちら。

ァ**ユ**ースタ　リヴィン **パ**ーゥィス
I used to live in Paris.
以前はパリに住んでいた。

ァ**ユ**ースタ　　ジュインノラーラ　**カ**ーフィー
I used to drink a lot of coffee.
以前はコーヒーをよく飲んでいた。
❶「lot」と「coffee」の「o」は、「オ」より「ア」と発音する。

ァ**ユ**ースタ　ハヴ　　グ**ラ**イサイッ
I used to have good eyesight.
以前は視力がよかった。

ァ**ユ**ーストゥ　ルァイラ　**ダ**ィウイ
I used to write a diary.
以前は日記を書いていた。
❶「write」の「t」の音のあとに母音がくるので、「ラ行」でつなげて発音する。

139

more phrases―ほかにも表現があるよ

① ア**ユ**ースタ　リヴィンダ　**カ**ンチュイサイツ　ウェナイ　ワザ **キ**ッ

I used to live in the countryside when I was a kid.
子どもの頃は田舎に住んでいた。
❶「田舎」のことを「countryside」以外にも「rural area」とも言う。

----

② ア**ユ**ースタ　プレイダ　ギ**タ**ー　ブライ　ハヴンッティン**ニ**ーァズ

I used to play the guitar, but I haven't in years.
以前ギターを弾いていたがもう長年弾いていない。
❶「in years」とは「長年」や「何年も」という意味。

----

③ ア**ユ**ースタ　**ラ**ヴ スパイスィ フーッ　ブッ**ナ**ウ アイ**キ**エーン ハンドゥリッ

I used to love spicy food, but now I can't handle it.
以前は辛い食べ物が大好きだったけど今は全然ダメ。
❶「handle」は「扱う」という意味でよく使われるが、この場合は「食べる」というニュアンス。

----

④ ア**ユ**ースタ **ウォ**ァーキャダッ　**ル**エストゥラーン　ビフォイッ　クローズ**ダ**ゥン

I used to work at that restaurant before it closed down.
閉店する前はあのお店で働いていた。
❶「close down」だと「商売をたたむ」というニュアンスが強い。

----

⑤ ア**ユ**ースタビ アフエイロヴ **ハ**イツ　ブライヴォウヴ**カ**ン⟷　ダッ フィーア

I used to be afraid of heights, but I've overcome that fear.
以前は高い所が怖かったけれどその恐怖を克服した。
❶「高所恐怖症」のことを「fear of heights」または「acrophobia」と表現できる。

----

⑥ ア**ユ**ースタ　ルィーダラーラ　**ブ**ックス　ブッ**ナ**ウ　アン⟷トゥー **ビ**ズィ

I used to read a lot of books, but now I'm too busy.
以前は本をよく読んでいたけれど、今は忙しすぎる。
❶「本の虫」を直訳した「bookworm」もよく使う。

----

⑦ ピーポ　フィンカイ **ヴォ**ウェイズ　ビナッ**ゴ**ウイン　ブラ**ユ**ースタビ　ウィーリ**シャ**イ

People think I've always been outgoing, but I used to be really shy.
人からは前から社交的な性格だったと思われるけれど、以前はとてもシャイだった。
❶「社交的な人」のことを「extrovert」、「内向的な人」のことを「introvert」とも表現する。

----

⑧ ア**ユ**ースタ　ヴァールン**ティ**ーァ　アッダ　ロウコー　カ**ミュ**ーニリ　セヌー

I used to volunteer at the local community center.
以前は地元のコミュニティーセンターでボランティア活動をしていた。
❶英語で「local slang」という表現があり、「地元でしか通用しないスラング」という意味。

----

⑨ アユースタ　テイッ　**ダ**ンス　クラースィズ　ウェナイワズィン　　**ハ**イスクーオ

⑨ I used to take dance classes when I was in high school.
高校時代、ダンスのレッスンを受けていた。
❶「過去のいつ」がはっきりとしているときにも「I used to」が使える。

⑩ アユースタ　**ア**ーフン　ウォアーツ　レイッ　**ナ**イッツ　ブッ**ナ**ウ　アオーウェイズ　ゲラーフウォアーキャッ**ス**イックス

⑩ I used to often work late nights, but now I always get off work at 6.
以前は残業をよくしていたが、今は毎日6時に仕事を上がる。
❶「finish work」とももちろん言える。

⑪ ア　**ユー**スタビア　ヴェジ**テ**ゥィウン　ブッ**ナ**ウ　アイオ**ケ**イジュヌリ　イーッ　ミーツ

⑪ I used to be a vegetarian, but now I occasionally eat meat.
以前はベジタリアンだったけれど、今は時々お肉を食べる。
❶「vegetarian（ベジタリアン）」は菜食主義者の総称。

⑫ ア**ユー**スタ　ウェー　グ**ラ**ースィズ　ブライ　ガッ　**レ**イズィッ　スァージュイ

⑫ I used to wear glasses, but I got LASIK surgery.
以前は眼鏡をかけていたけれど、レーシック手術を受けた。
❶「wear」は基本的に「着る」という意味だけれど、「wear a smile」（ほほえむ）という使い方もする。

⑬ ア　**ユー**スタビア　**モ**ーニン　プゥースン　ブッ**ナ**ウ　アプイファー　スリーピン**イ**ン

⑬ I used to be a morning person, but now I prefer sleeping in.
以前は朝型人間だったけれど、今は朝ゆっくり寝るほうが好き。
❶「夜型人間」のことは「night person」と表現できる。

⑭ ア**ユー**スタ　ハヴァ**ナ**ンコー　フリヴ　ネックス**ド**ァ

⑭ I used to have an uncle who lived next door.
以前は隣に叔父が住んでいた。
❶「隣に住んでいる人」のことを「next-door neighbor」と表現できる。

ちょっとひといき

　日本人が初めて北米の公衆トイレを利用するときにびっくりすること。それは、足元が大きく開いていること! 足元が開いているのには、「安全性」「清潔感」「コスト削減」などさまざまな理由があるらしい。ちなみに私が何年も前に中国の公衆トイレに入ったときは、ドアすらなかった（驚）! それに比べたらましですよね。

Lesson 19

条件を伝える

イフ

If …

もし〜たら／もし〜れば

聞いてみよう！

傘が見つからないので、友だちにお願いしたい。

イフュ　**ファ**イニッ　　レミノウ

If you find it, let me know.

最後の「t」は発音しなくてOK

もし見つかったら教えて。

POINT!

- 「if you」はつなげて「イフュ」、「find it」は「ファイニッ」と発音する。
- 「let me」は「レッミ」でもOK。
- 「if」を使った表現いろいろ
  「もしそうならば」⇒「if so」（イフ　**ソ**ウ）
  「もしそうでないなら」⇒「if not」（イフ　**ナ**ッ）
  「むしろ」⇒「if anything」（イ**フェ**ニフィン）

Let's talk! 使ってみよう!

イファイ ケニューズ マイ ク**エ**リッ カーゥッ アォ**テイ**キッ
If I can use my credit card, I'll take it.

「if I can use」はつなげるとスマート　　最後の「t」は発音せずに「ッ」と置き換える

もしクレジットカードが使えるのなら、買う。

❶「I'll」は「アォ」が自然な発音。

イフ デゥ**ゼ**ニフィン アキュンドゥ レミノウ
If there is anything I can do, let me know.

何かお役に立てることが／あれば　知らせてね。

イフュア コーゥ アイキュン クローゥズダ **ウ**インドウ
If you're cold, I can close the window.

もし寒いのなら、窓を閉めてもいいよ。

イフュニーラ **ナ**ンビュルンス アォ**カ**ーォワン ナウ
If you need an ambulance, I'll call one now.

もし救急車が必要なら、今呼んでもいいよ。

イフュライッ **ス**ーシ アイノウア グッ**ス**ーシ プレイス
If you like sushi, I know a good sushi place.

もしお寿司が好きなら、いいお寿司屋さんを知っているよ。

❶ 英語ではお店のことを「場所」を意味する「place」をよく使う。

こんなときなんて言う？

❶ 空いている椅子を借りたい。

□□□□, □□ this chair?

もし空いていたら、この椅子を持って行ってもいい？

❷ 相手が迷子になっている様子。

□□□□, □□ help you.

もし道案内が必要なら、教えてあげるよ。

❸ 相手がどの電車に乗ればいいのかわからない様子。

□□□□, □□□ that train.

急いでいるなら、あの電車に乗るといいよ。

❹ どの味がおすすめか聞かれた。

□□□□□, □□□ miso flavor.

独特の味がいいなら、みそ味がおすすめだよ。

A 正解はこちら。

イフュロン　マイン　クラィテイッ　ディスチェァ
If you don't mind, could I take this chair?

最後の「k」は発音せず、「ッ」と置き換える

もし空いていたら、この椅子を持って行ってもいい?

イフュニーッ　ディウエクシュンズ　アキュン　ヘォピュ
If you need directions, I can help you.

「シュン」と発音

もし道案内が必要なら、教えてあげるよ。

イフュイナ　ハーウイ
If you're in a hurry,

ユシュッテイッ　ダッチュエイン
you should take that train.

もし急いでいるのなら、あの電車に乗るといいよ。

イフュワナ　ユニーッ　フレイヴァー
If you want a unique flavor,

アイ　ルェクメン　ダミソ　フレイヴァー
I recommend the miso flavor.

「want a」=「ワナ」と発音　「d」は発音しなくてOK

もし独特の味がいいなら、みそ味がおすすめだよ。

more phrases ーほかにも表現があるよ

① アスューミン　ダッダ　ウェドウイズ　ナイス　トゥマーロウ　ウィクッ　ゴウフア　ピッニッ

❶ Assuming that the weather is nice tomorrow, we could go for a picnic.
明日天気が良かったらピクニックに行ける。
❶「assuming that」は「〜と仮定して」という意味なので「if」よりも確率が高い。

② アスューミン　ダッチョ　スティオ　インチュエステッィ　ウィケン　ミーラッ�3つ　カーフィー　ネックスウィーツ

❷ Assuming that you're still interested, we can meet up for coffee next week.
もしまだ興味があるなら、来週いっしょにお茶でもしよう。
❶「meet up」ではなく「meet」を使っても良い。「meet up」の方がカジュアルなニュアンス。

③ イフ　ダッツダ　ケイス　デヌウィシュッ　ルッファナドゥ　ソルーシュン

❸ If that's the case, then we should look for another solution.
もしそうならば、別の解決法を探さないと。
❶「if that's the case」と同じ意味で「in that case」も使える。

④ インケイス　ダチュニーラ　ルアーイアイキュン　ビキュアッ⟷　フォン⟷ティ　エアポーツ

❹ In case that you need a ride, I can pick you up from the airport.
もし送ってほしかったら、空港まで迎えに行っても良いよ。
❶「ride」は乗り物などに「人を乗せること」。また、人を「騙す」を「take for a ride」と表現できる。

⑤ シュレニフィン　ハープン　カーォ　ディス　ナンブー

❺ Should anything happen, call this number.
もし何かあった場合、この番号にかけて。
❶「should」は「万が一」という意味もある。

⑥ シュジュ　ニーレニ　ヘォッ⟷フィーォ　フイー　ルアース

❻ Should you need any help, feel free to ask.
手伝うことがあれば、気軽に声をかけてね。
❶「free」は「自由に」や「sugar free」（無糖）のように、「含まれていない」という使い方もある。

⑦ シュジュ　ディサイット　トゥゴウ　シャービン　アイッドゥレクメンダ　ニューマーォ　ダウンタウン

❼ Should you decide to go shopping, I'd recommend the new mall downtown.
もしショッピングに行くのなら、ダウンタウンにできた新しいモールがおススメだよ。
❶「downtown」を「下町」と誤訳されることもあるが、都市の中心部にある商業地域のこと。

⑧ イファイ　ケナーファ　エニ　サポァ　レミノウ

❽ If I can offer any support, let me know.
何かサポートが必要な場合は声をかけてね。
❶「any」には「どんな些細なことでもいいので」というというニュアンスがある。

イフユーニーレニフィン　　　ジュインヨステイ　　　**ドン**　ヘズィテイッタ **アース**

⑨ **If you need anything during your stay, don't hesitate to ask.**

滞在中に何か必要な場合は、気軽に声をかけてね。

❗「hesitate」とは「躊躇する」こと。

- -

イフユーニーレニフィン　フディ イ**ヴェ**ンツ　ライッス **ナ**ックソ**ジュイ**ンクス　アイキュンピッデ **マ**ポン　　マイウェイデア

⑩ **If you need anything for the event, like snacks or drinks, I can pick them up on my way there.**

おやつや飲み物などイベントのために何か必要なものがあれば、買って行くよ。

❗「on my way」とは「どこかに向かう途中」という意味。

- -

イファイキュナ **ス**イスチュ　イネニウェイ　　ジューイン ヨチュ**イ**ッ◁　アッビ　　**ハー**ビラヘォッ◁

⑪ **If I can assist you in any way during your trip, I'd be happy to help.**

旅行中何かお役に立てることがありましたら、喜んでお引き受けします。

❗「assist」は「手助けする」や「力を貸す」ことだが、ややフォーマルな単語。

- -

イファイキュンビ オヴェニ　　**ヘ**ォ　プイヴョ　**ムー**ヴ　ジャス　　ギミア　　カーォ

⑫ **If I can be of any help with your move, just give me a call.**

引っ越しで何か手伝うことがあれば、連絡ちょうだいね。

❗「move」は「動く」以外にも「引っ越す」という意味でも使う。

- -

シュジュ　　ディサイッタ　ヴィズィッダ **ス**イリ アイキュン　ルェクメン　　スン◁グ**エ**イッ プレイスズタ　イーッ

⑬ **Should you decide to visit the city, I can recommend some great places to eat.**

もしその都市を訪れるのなら、いくつかおいしいお店をおすすめできるよ。

❗「本日のおすすめ」は「today's recommendation」ではなく「today's special」の方が一般的。

- -

シュジュ　　　　ニーラ　ルァイッ **ホー**ウン　　アケナ**ウエ**インジッ

⑭ **Should you need a ride home, I can arrange it.**

車で家までの送迎が必要だったら、手配するよ。

❗「arrange」は何かを「きちんと並べる」という意味で使うが、ここは「手配する」というニュアンスがある。

- -

 ## ちょっとひといき

　小さいころ、日本にある母の実家の近くにあった小さなお店に行って、「パップシクーください」と何度言っても理解してもらなくて、怒って帰ったことがあります。私が言っていた「パップシクー（popsicle）」は北米で言う「棒付きアイスキャンデー」のこと。私の「日本語」が通じなかったことがものすごくショックだったのをいまだに覚えています。

ァ**ホ**ゥッ◠

I hope …

〜だといいな

🎧 聞いてみよう！

相手がはじめて団子を食べるとき。

> ァ**ホ**ゥピュ　**ラ**ィキッ
> # I hope you like it.
> 気に入ってくれるといいな。

POINT!

- 「I hope you」は「アホウピュ」つなげて発音する。
- 「そうだといいね」は「I hope so.」（ア**ホ**ゥッ◠ソウ）と表現できる。ちなみに「I hope it.」は言わない。
- 「そうでないといいけど」は「I hope not.」（ア**ホ**ゥッ◠ッ）と表現できる。ちなみに「I don't hope so.」は言わない。

Let's talk!　使ってみよう!

ア**ホ**ゥピュロン　　**マ**ィン
I hope you don't mind.

迷惑でないといいんだけど。

ア**ホ**ゥピッ　ゴーズ　**ウ**ェォ
I hope it goes well.

「goes well」はつなげて「ゴーズ ウェォ」と発音

うまくいくといいね。

ア**ホ**ゥピュ　　エンジョイ　ヨ**ヴィ**ズィッ
I hope you enjoy your visit.

「t」は「ッ」と発音

楽しい旅行になるといいね。

ア**ホ**ゥピュ　　ファイン　サン⇔フィン　　ュ**ラ**ィッ
I hope you find something you like.

「d」は発音しない　　「k」は発音せず、「ッ」と発音

何か気に入るものが見つかるといいね。

ア**ホ**ゥッ⇔　デロン　　キャンソー　ダ**カ**ンスーッ
I hope they don't cancel the concert.

「pe」はくちびるを閉じて発音　　「concert」の「o」は「ア」と発音。最後の「t」は発音しないで、「ッ」に置き換える

コンサートがキャンセルにならなければいいけど。

こんなときなんて言う？

❶ ゴルフなのに雨が
降っている。

☐ **stop soon.**

雨がそろそろ止むといいけれど。

❷ ボールが相手に
当たってしまった。

	!		

☐ **okay.**

ごめんなさい！ 大丈夫？

❸ 天気が怪しい（雨が降りそう、
崩れそうな）ときに。

☐ **holds.**

天気がもつといいけれど。

❹ 初めて温泉を体験する
予定の相手に話しかける。

☐ **it.**

楽しいといいね。

A 正解はこちら。

ァ**ホ**ゥッ◇ ダ**ウエ**ィン　ウィォスタッ◇　スーン
I hope the rain will stop soon.
雨がそろそろ止むといいけれど。

❶「hope」と「stop」の「p」は、音の後ろに子音がくるので、くちびるを閉じる。

サーゥィ　ァ**ホ**ゥピュ　オーゥケイ
Sorry! I hope you're okay.
ごめんなさい! 大丈夫?

ァ**ホ**ゥッ◇ ダ　ウェドゥ　**ホ**ーゥズ
I hope the weather holds.
天気がもつといいけれど。

ァ**ホ**ゥピュ　エン**ジョ**ィッ
I hope you enjoy it.
楽しいといいね。

more phrases—ほかにも表現があるよ

① Wish you all the best!
ウィシュー　アーォ　ダ　ベッス
幸運を祈るよ!
❶ 相手の将来における幸運を祈るときによく使う。

② Wishing you the best of luck!
ウィシンギュ　ダ　ベッサラック
うまくいきますように!
❶「Wish you all the best!」と似ているが具体的なことに対して幸運を祈るときに使うことが多い。

③ Fingers crossed!
フィングーズ　クアース
幸運を祈るよ!
❶ これは指を交差させるジェスチャーをしながら相手の幸運を祈るおまじないのようなもの。

④ Break a leg!
ブエイカ　レッ
うまくいくことを祈っているよ!
❶「脚を折って」という意味ではなく、これから何かに挑むときに「がんばって!」という意味で使う。

⑤ Knock them dead!
ナークン　デッ
がんばって!
❶ 直訳すると「彼らを殴り殺せ!」になるが、ニュアンスとしては相手を「感動させてやれ!」に近い。

⑥ Blow them away!
ブローウドゥモウェイ
がんばって!
❶ 直訳すると「彼らを吹き飛ばせ!」になるが、意味としては、「唸らせてやれ!」に近い。

⑦ You'll do great!
ユォドゥ　グェイッ
うまくいくよ!
❶「あなたなら大丈夫!」のように最初からうまくいくと決めてしまう応援のフレーズも多い。

⑧ I hope things will turn out fine.
アホゥッ　フィングズ　ウィォ　トゥーナウッ　ファイン
うまくいくといいね。
❶「turn out」とは「〜という結果になる」というニュアンス。

152

ア**ホ**ゥッ⇔ フィングズ ウィォ ウォーカウラーォ**ア**イッ

⑨ I hope things will work out all right.

うまくいくといいね。

❶ 前の例文「turn out fine」と同じ意味で、「work out」も「〜という結果になる」というニュアンス。

ア**ホ**ゥッ⇔ ダウェドゥ ステイズ ナイス フダ フェスティヴォー

⑩ I hope the weather stays nice for the festival!

お祭りまでいい天気が続くといいね!

❶ 「週末ずっと」だと「through the weekend」と表現できる。

ア**ホ**ゥピュ フィーォ ベラー **ス**ーン

⑪ I hope you feel better soon.

お大事に。

❶ 直訳すると「気分が早く良くなることを祈るよ」になる。

ア**ホ**ゥプウィキュン ミーラッ⇔ フ**ラ**ンチュ サン⇔タイン⇔ スーン

⑫ I hope we can meet up for lunch sometime soon.

近いうちに会ってランチできるといいね。

❶ 「sometime」のみだと「そのうち」や「いつか」とあいまいな伝え方になる。

ハヴァ セイフ チュイッ バック**ホ**ーゥン⇔

⑬ Have a safe trip back home!

気を付けて帰国してください!

❶ 相手が飛行機で帰国する場合は「Have a safe flight back home!」と表現できる。

ィ**フ**アーォ ゴウズウェオ ウィシュッ メイキロン **タ**イン⇔

⑭ If all goes well, we should make it on time.

うまくいけば、間に合うはず。

❶ 「make it」はほかにも「都合がつく」や「成功する」という意味でも使う。

 ちょっとひといき

アメリカの人気バンド Maroon 5 の『Sugar』という曲のサビが「ショウガ〜安〜い　地下〜で採れたのに〜♪」にしか聞こえない、と娘が言うので聞いてみたら、本当にその通りだった。元の英語はこちら。

Your sugar Yes, please Won't you come and put it down on me?

　文字にすると全然違うのに、不思議。恐るべき空耳!

ワッ
What …?

〜何?

\\\\聞いてみよう!//

相手に好きな食べ物を聞くとき。

ワッチョ　　　フェイヴィッ　**フーッ**
What's your favorite food?

「what」は「ワッ」か「ウオッ」と発音

お気に入りの食べ物は何?

POINT!

- 北米英語とイギリス英語の違い
  北米:「ワッ」　イギリス:「ウオッ」
- 「なぜ?」という意味で「What for?」(**ワッ フォァ**)を使うことが可能。
- 「何?」という意味で「What?」を使うのは少しぶっきらぼうに聞こえる。友だちや家族以外にはあまり使わないほうがいい。代わりに「I'm sorry?」(アン⊖**サー**ウィ)や「Pardon?」(パ**ドゥ**ン)を使おう。

Let's talk! 使ってみよう!

ワッ**タ**イン⟨⟩ズ　　ダ　チュエイン　　**カ**ミン
What time is the train coming?

電車は何時に来る?

❶「今何時?」は「What time is it?」(ワッ **タ**イミズィッ)と表現する。

ワラヨ　　　　プ**ラ**ーンズ　フ　　トゥレイ
What are your plans for today?

今日はどんな予定?

❶「what are your」はつなげて「ワラヨ」と発音する。

ワッッ　　　トゥマーロウズ　　　　**ウェ**ドゥ
What's tomorrow's weather?

明日の天気は?

❶「tomorrow」の真ん中の「o」の音は「オ」ではなく「ア」に近い。

ワッス**ポ**ーッ　　　ディヤ　　ライッ
What sport do you like?

どのスポーツが好き?

❶「What sports do you like?」(ワッス**ポ**ーツ ディヤ ライッ)の場合は返事するときに好きなスポーツをいくつ言っても構わない。また発音は複数形のときは「スポーツ」と「ツ」も発音する。

ワッツダ　　　ベッスウェイ　　トゥゲルラウン　　**パ**ーウィス
What's the best way to get around Paris?

パリ市内を移動するのに一番いい方法は?

❶「get around」は「動き回る」というニュアンスがある。

こんなときなんて言う？

❶ 何を持っているのかを
　知りたい。

```
┌─────────┐
│         │ this?
└─────────┘
これは何？
```

❷「うちわ」を英語で何と
　言うのか知りたい。

```
┌──────┐ ┌──────┐
│      │ │      │
└──────┘ └──────┘
┌──────┐
│      │ in English?
└──────┘
これは英語で何て言う？
```

❸ 相手の名前が知りたい。

```
┌────────┐ ┌────────┐
│        │ │        │ name?
└────────┘ └────────┘
お名前は？
```

❹ おすすめを知りたい。

```
┌──────┐ ┌────┐ ┌────┐
│      │ │    │ │    │
└──────┘ └────┘ └────┘
recommend?
おすすめは？
```

A 正解はこちら。

ワッツ **デイス**
What's **this**?
これは何?

ワッツ ディス カーォ ディ **ニ**ングリッシュ
What's **this called in English**?
これは英語で何て言う?
❶「called in English」はつなげて発音する。

ワチョ ネイン
What's **your name**?
お名前は?

ワルユ ルェク**メ**ン
What **do you recommend**?

「レ」よりも「ルェ」の発音が近い

おすすめは?
❶「recommend」は「すすめる」という意味だが、飲食店でよく見かける「本日のおすすめ」には「today's recommendations」ではなく「today's specials」(トゥレイズ スペシャーズ) または「specials of the day」(スペショーゥゾヴ ダデイ) を使う。

❶ What did you do over the weekend?
ワッジュ**ドゥ**　オウヴーダ　**ウィ**ーケン
週末に何をした？
❶「over」は「〜の上に」や「〜を超えて」という意味もあるけれど、「期間」を表す言葉でもある。

❷ What do you think about the new restaurant in town?
ワラヤ　フィンカバウッダ　ニュー**ル**ェストゥラーン　ティン　タウン
この町にできた新しいレストランについてどう思う？
❶「town」は「町」だけれど、「in town」は、東京やニューヨークなど大都会のことでも言う。

❸ What's the weather like outside?
ワッツダ　**ウエ**ドゥ　ライッキャウッサイッ
外の天気、どんな感じ？
❶この場合の「like」は「〜のような」という意味。「どんな感じ？」は、「What's it like?」と表現できる。

❹ What's the best way to get to the museum from here?
ワッツダ　ベッス**ウエ**イル　ゲットゥラミュー**ズ**ィーウン⌢ フォン⌢ ヒゥ
ここから美術館までの一番良い行き方は？
❶「一番速い行き方」だと「the fastest way」と表現できる。

❺ What's your dream vacation destination?
ワッチョ　ジュイーン⌢ ヴ**ケ**イシュン　デスティネイシュン
あなたの夢の旅行先はどこ？
❶英語では旅行先がどこにあるかではなく、場所の名前を聞いているので「何」＝「what」になる。

❻ What's your favorite type of cuisine?
ワッチョ　フェイヴィッ　タイポヴ　クイ**ズ**ィーン
何料理が一番好き？
❶「cuisine」はある国や地域独自の料理を意味する。和食なら「Japanese cuisine」。

❼ What surprised you most in Japan?
ワッ　スプライズジュ　**モ**ゥスティン　ジュペーン
日本に来て一番驚いたことは？
❶「びっくりした」を「startled」とも言うが、これは何か急に起きてビクッとするときに使う。

❽ What are your plans for the upcoming holidays?
ワラヨ　プ**ラ**ーンズ　フディ　アッ⌢カミン　**ハ**ーリデーイズ
今度の休暇の予定は？
❶「upcoming」は「もうすぐやってくる」や「次回の」という意味。

⑨ **What's your favorite memory from childhood?**
ワッチョ　フェイヴィッ　メムイ　フォン　チャイオフツ

子ども時代の特別な思い出は何?

❶ 一般的に「childhood」は10歳ころまでの幼年時代を指し、「youth」は青春時代を指す。

---

⑩ **What's your favorite thing to do on a lazy Sunday?**
ワッチョ　フェイヴィッ　フィンタドゥ　アナレイズィ　サンデイ

くつろいだ日曜日にする一番好きなことは?

❶ 「lazy」とは「怠けている」という意味だけれど、「暇な」や「のんびりとした」という使い方もある。

---

⑪ **What's the most challenging part of your job?**
ワッツダ　モウス　チャールンジン　パーラヤ　ジャーッ

仕事でもっとも困難な部分は何?

❶ 「challenging」は「困難だけれどやりがいがある」というニュアンスがある。

---

⑫ **What's your go-to karaoke song?**
ワッチョ　ゴウル　キャウィオーウキ　サーン

カラオケの18番は何?

❶ 「go-to ～」は「定番の」や「お気に入りの」という意味。

---

⑬ **What do you usually do in your free time?**
ワルユ　ユージュオリドゥ　イニョ　フイータイン

自由時間があるときは普段何をして過ごす?

❶ 似た表現で「spare time」があるが、これは何か用事をしたあとに余った時間のことを指す。

---

⑭ **What perfect weather!**
ワッ　プーフェッ　ウェドゥ

完璧な天気だね!

❶ この場合の「what」は「なんて～なんだ!」と驚いたときに使う「what」である。

 ちょっとひといき

　北米では、スーパーのぶどう売り場でぶどうを一粒二粒、試食してから買うか買わないかを決めるのが当たり前だと思っている人が多いです。これについては賛否両論ありますが、この理由は、日本のように一つずつパッケージに入っていないからでしょうね。なかには買う気もないのに試食している人もいるんですよ(笑)。

DAY 6

Lesson22

場所を尋ねる

Lesson23

タイミングを尋ねる

Lesson26

方法を尋ねる

Lesson24

経験を尋ねる

Lesson25

経験がないことを伝える

Lesson
22　場所を尋ねる

ウェア
Where …?
〜どこ?

聞いてみよう!

どこの出身なのか知りたい

> ウェアユ　　　　**フォン**〜
> # Where are you from?
> どこ出身?

POINT!

海外から日本を訪れた訪日外国人に「Where are you from?」と尋ねるのはまったく問題ない。しかし、海外では国や地域によってはさまざまなバックグラウンドを持つ人がいる。なので、海外に行ったときには相手が自由に答えられるように「What's your background?」(ワッチョ **バッ**グアウン)(あなたのバックグラウンドは?)と尋ねるといい。事情によっては両親の国籍や今住んでいる場所などをあまり言いたくないこともあるので、注意が必要だ。

Let's talk!　使ってみよう!

ウェアズ　**ダッ**
Where's that?

最後の「t」は発音せず「ダッ」が近い

それどこ?

ウェア　ケナイ　ゲラナン**ブ**エラ
Where can I get an umbrella?

傘はどこで買える?

❶「get」のコアな意味は「手に入れる」だが「買う」という意味でも一般的。

ウェアザ　グップレイス　タ　テイカ　**ウ**アーッ
Where's a good place to take a walk?

「d」は発音せず「グッ」が近い　　「take a＝テイカ」と発音

散歩するのにいい場所はどこ?

ウェア　シュライ　リーヴ　マイ　**ラ**ゲッジュ
Where should I leave my luggage?

荷物はどこに置けばいい?

ウェア　キェナ　エックスチェインジュ　**マ**ニ
Where can I exchange money?

両替はどこでできる?

こんなときなんて言う?

❶ お手洗いを探したい。

> ☐ ☐
>
> **bathroom?**
>
> お手洗いはどこ?

❷ エレベーターを探したい。

> ☐ ☐
>
> **elevator?**
>
> エレベーターはどこ?

❸ 無料 Wi-Fiスポットを探したい。

> ☐ ☐ ☐ ☐
>
> ☐ **Wi-Fi?**
>
> 無料 Wi-Fiスポットはどこ?

❹ どこ行きのバスか知りたい。

> ☐ ☐ ☐
>
> ☐ **go to?**
>
> このバスはどこ行き?

A 正解はこちら。

ウェアズ　ダ　**バー**フルーン

Where's the bathroom?

「ン」と言いながら、口を閉じる

お手洗いはどこ?

ウェアズ　ディ　**エ**ルヴェイルー

Where's the elevator?

エレベーターはどこ?

ウェァ　ケナイ　ゲッ　フイーワイ**ファ**イ

Where can I get free Wi-Fi?

無料 Wi-Fiスポットはどこ?

ウェァ　ダズディス　バス　**ゴ**ゥトゥ

Where does this bus go to?

このバスはどこ行き?

ウェァ　ケナイ　ゲラ　フ**ルー**シャッ
❶ Where can I get a flu shot?
インフルエンザの予防接種はどこで受けられる？
❶「influenza」のことを一般的に「the flu」と言う。

ウェァ　ケナイ　ゲラコウヴィッナイン**ティー**ン　テッス
❷ Where can I get a COVID-19 test?
新型コロナの検査はどこで受けられる？
❶「高熱」のことを「high fever」、「咳」は「cough」、「倦怠感」は「fatigue」、と表現する。

ウェァ　ケナイ　ファイナ　グッ　**ルエ**ストゥラーン　ヌアウン　ヒゥ
❸ Where can I find a good restaurant around here?
この辺りにおいしいお店ある？
❶ 道案内に関する英会話では「where can I find ～」をよく使う。

ウェァウィ　　　　　**ミー**リン
❹ Where are we meeting?
待ち合わせはどこ？
❶ しゃべり言葉では近い未来の予定を表現するときに現在進行形を使うことが多い。

ウェァッジュゲッ　　ダラメイズィン　　ジュ**エ**ス
❺ Where did you get that amazing dress?
その素敵なドレス、どこで買ったの？
❶「amazing」は「すばらしい」とかなり大げさなイメージがあるが、英語では大げさにほめるのが普通。

ウェァ　ケナイゲッ　ディス　ジュ**イン**ケヴィワンズ　**ター**キンガバウッ
❻ Where can I get this drink everyone's talking about?
今話題になっているドリンクはどこで買えるの？
❶ ある事柄や人が話題になっているとき、「the talk of the town」と言うことが多い。

ウェァルユ　　ワナゴウ　フ**ディ**ヌー
❼ Where do you wanna go for dinner?
夕食、どこで食べる？
❶「go out for dinner」は家で食べるか外で食べるかが話の話題のときに使うことが多い。

ウェァッジュゴ　　　アニョ　ラース　ヴ**ケ**ィシュン
❽ Where did you go on your last vacation?
前回の休暇はどこに行った？
❶ 似た意味で「holiday」もあるが、「祝日」を表現するときには「holiday」しか使えない。

ウェアズダ　　ニーウェス　**バス** スターッ⟨⟩

❾ Where is the nearest bus stop?
一番近いバス停はどこ？
❶ 近いことを「close」とも言うが、「close」は「人間関係が近い」と表現するときにも使う。

ウェアズョ　　フェイヴィッ　プレイスタ ウィ**ラ**ーックス

❿ Where is your favorite place to relax?
お気に入りのリラックスの場所はどこ？

ウェアッジュ　　バイ　ドウズ　クーォ　ス**ニ**ークーズ

⓫ Where did you buy those cool sneakers?
そのかっこいいスニーカー、どこで買ったの？
❶ 「cool」は「かっこいい」という意味で使われるが、「同意」を表現するときにも使う。

ウェアッジュ　　ゲッダッ　キューッ **フォ**ーゥン ケイア

⓬ Where did you get that cute phone case?
そのかわいいスマホケース、どこで買ったの？
❶ 「スマホケース」や「携帯ケース」のことを「phone case」または「smartphone case」と表現する。

ウェアズダ　　ニーウェス　グ**オ**ースイー ストーァ

⓭ Where is the nearest grocery store?
一番近いスーパーはどこ？
❶ 「grocery store」と似た単語で「supermarket」があるけれど、「supermarket」のほうが規模が大きい。

ウェアヌーフ　　ディジュ　**ゲ**ッダッ

⓮ Where on Earth did you get that?
いったいどこでそれを手に入れたの？
❶ 「Earth」は「地球」のことだが「on Earth」で「いったい」という意味になる。

 ちょっとひといき

　　北米では「青信号」のことを「青」ではなく「緑」と呼びますが、なぜか日本では「青」と呼びますよね。日本ではもともと緑色のものを「青」と呼ぶ習慣があったからだそう。確かに「green apple」のことを「青りんご」と言ったりしますよね。そう言えば祖母が昔、緑色のことを「青色」と言って、ものすごく不思議に思ったことも思い出しました。

Lesson 23

タイミングを尋ねる

ウェン
When …?
〜いつ？

聞いてみよう！

いつハイキングに行くのか知りたい。

> ウェン　　デュ　　　ワナ　　ゴウ　ハイキン
> **When do you wanna go hiking?**
> いつハイキングに行きたい？

POINT!

- 「wanna」は「want to」がより発音しやすいように変化した形でカジュアルな場面で使う。
- 3人称単数の場合は「he wants to」のように動詞に「s」がつくので、「he wanna」とは言わず「he wants to」と言う。
- 「〜しに行く」を表現するときに「go 〜ing」を使う。たとえば、「go shopping」（ゴウ シャーピン）や「go swimming」（ゴウ スイミン）という使い方をする。

Let's talk! 使ってみよう!

ウェン　ケナイ　スィーダ　　ノードゥン　**ラ**ィッツ
When can I see the northern lights?

オーロラはいつ見れる?

❶「see」は「視界に入る」、「look」は「意識的に見る」、「watch」はとくに動いているものを「意識してじっと見る」というニュアンス。

- -

セィ　ウェン
Say when.

ちょうどいいところで言ってね。

❶ 飲み物を注ぐときなどにどこまで注げばいいか聞くときに使う。
❶「Say when to stop.」(止めるところで言って。)の略。

- -

ウェン　ケナイ　ユーズ ディス　**ク**ーパアン
When can I use this coupon?

> 「クーポン」より、「クーパァン」が近い

このクーポンはいつ使える?

- -

ウェンズ　ディ ィ**ヴェ**ンッ
When's the event?

イベントはいつ?

- -

ウェンズ　　ダベッス　タイン 〰 タスィー　ダ　**ト**ゥーリップス
When's the best time to see the tulips?

> 「ン」と言いながら口を閉じる

チューリップを見るのに一番いい時期はいつ?

- -

Q こんなときなんて言う？

❶ チェックイン時間を知りたい。

☐ ☐ ☐ **check in?**

チェックインはいつできる？

❷ いつ帰国するのかを尋ねたい。

☐ ☐ ☐ **back home?**

帰りの飛行機はいつ？

❸ いつ京都を訪れるのかを尋ねたい。

☐ ☐ ☐
☐ **to Kyoto?**

京都にはいつ行くの？

❹ 普段いつ休暇をとるのかを尋ねたい。

☐ ☐ ☐ ☐
☐ **a vacation?**

休暇は普段いつとる？

正解はこちら。

ウエン　ケナイ　チェ**キ**ン
When can I check in?

チェックインはいつできる?

ウエンズョ　フライッ　バック**ホー**ウン ⌒
When's your flight back home?

> 「t」は「ッ」に置き換える

帰りの飛行機はいつ?

❗「home」の「m」の音の後に母音がないので、くちびるを閉じて軽く音を出すだけ。

❗「home」は「家」という意味以外に「自分の国」や「故郷」などのニュアンスでも使うので、「fly back home」だと「帰国する」という意味になる。

ウエナュ　ゴーウィン　トゥ　**キョー**ウト
When are you going to Kyoto?

京都にはいつ行くの?

ウエン ディユ　ユージュオリ　テイカ　ヴ**ケ**イシュン
When do you usually take a vacation?

> 「バケーション」より、「ヴ**ケ**イシュン」が近い発音

休暇は普段いつとる?

❗「休暇をとる」ことを「take a vacation」と言い、「休暇を利用してどこか出かける」ことを「go on a vacation」（ゴウ アナ ヴ**ケ**イシュン）と表現する。

① This is not a case of if but when.
ディスィズ **ナ**ラ　ケイソ **ヴィ**ッフ　バッ　**ウェ**ン

これはいつか必ず起きる。
❶「いつ」起きるかは定かではないけれど、「必ず」起きることだと表現したいときに使うフレーズ。

② I'll believe it when I see it.
アォ　ビ**リ**ーヴィッ　ウェナイ **スィ**ーイッ

自分の目で見たら信じる。
❶ 実際に見るまでは信じられないと表現するときに使う。

③ When you've seen one, you've seen them all.
ウェンニューヴ　スィーン **ワ**ン　ユーヴ　スィーンデマーォ

1つ見れば、あとは全部同じ。
❶ ある種類の物事を1つ見れば、あとは全部同じであることを表現することわざ。

④ When in Rome.
ウェニン　ルォーウン

ローマではローマ人のする通りにしよう。
❶「郷に入れば郷に従え」の英語版。この後に「do as the Romans do」を追加することもよくある。

⑤ When it comes right down to it, spending time with loved ones is what truly matters.
ウェニッカンズ **ヴァ**イッ ダウン **トゥ**ーイッ スペンディン タイン ウィッ **ラ**ヴドゥワンズィズ　ワッ チュ**ル**ーリマールーズ

つきつめて考えると、大切な人たちと時間を過ごすことが最も大事なことである。
❶「loved ones」は家族や恋人など自分にとって大切な人を指す。

⑥ When life gives you lemons, make lemonade.
ウェン **ラ**イフ　ギヴズュ　**レ**ムンズ　メイッ　レム**ネ**ーイッ

人生でつらいことがあっても、それをいいものに変えよう。
❶「レモン」は人生での困難で、「レモネード」はそれをポジティブなものに変えたものを指す。

⑦ When one door shuts, another one opens.
ウェヌ **ワ**ン　ドァ　**シャ**ッツ　アナドゥ　ワ**ノ**ウプンズ

扉が1つ閉まると必ず別の扉が開く。
❶ 日本語の「捨てる神あれば拾う神あり」と意味が似たことわざ。

⑧ When pigs fly, I'll believe that story you just told me.
ウェン **ピ**ッグズフ**ラ**ィ　アォビリーヴ　ダッス**ト**ーウィ　ユジャッス　トーウミ

豚が空を飛んだら今あなたが言った話を信じてあげるよ。
❶ 豚が空を飛ぶことは不可能であることから、その後にくる部分も不可能であると表現するときに使う。

⑨ ウェンダ ゴ ウィン ゲッツ タフ ダ タフ ゲッ ゴ ウイン
When the going gets tough, the tough get going.

状況が厳しくなると、たくましい者は動き出す。

❶ 最初の「going」「tough」は「進行状況」「厳しい」、次の「tough」「get going」は「たくましい人」「動き出す」。

- -

⑩ スィンス ウエン ドゥユ エンジョイ ス パ イスィ フーツ
Since when do you enjoy spicy food?

いつから辛いもの食べられるようになったの?

❶ 「辛い」のことを「hot」とも言うが、「hot」だと「熱い」という意味もあるので、要注意。

- -

⑪ ウェニッ ウエ インズ イッ ポーアズ
When it rains, it pours.

踏んだり蹴ったりだ。

❶ 悪いことがたて続けに起こるときに使うが、良いことがたて続けに起こるときにも使える。

- -

⑫ ダッ フ ィ ーリン ウェニュ ウイ アライズユ フ ガ ッチョ アンブ エ ラ アンダチュ エ イン
That feeling when you realize you forgot your umbrella on the train.

電車の中に傘を忘れてしまったことに気づいたときのその気持ち。

❶ 一見中途半端な文章に感じるかもしれないが、「that feeling when ~」はよく使う表現。

- -

⑬ タイン⇔フ ラ ーイズ ウェニョ ハヴィン フ アン
Time flies when you're having fun.

楽しい時間はあっという間に過ぎちゃう。

❶ 「time flies」とは「あっという間に時間が過ぎる」という意味。

- -

⑭ ウェ ィ バックク エン ウィ ユースタ ウ ラ イダォ バイクスィンダ パーカーォデイ
Way back when, we used to ride our bikes in the park all day.

かつては1日中公園で自転車を乗り回していた。

❶ 「way back when」のあとに「I was a child」(子どもだった頃)を付けることも可能。

- -

 ちょっとひといき

　日本人は冬の気温が10度くらいになると寒く感じ始め、0度だととても寒く感じますよね。でも、カナダ人にとって0度は暖かい気温。マイナス30度になることもあるカナダでは、0度前後は暖かいのです。私も日本に来る前はそのような感じ方でしたが、数年前、日本在住のカナダ人に「今日は寒いね〜」と言ったら「日本生活が長すぎ!」とからかわれました(笑)。たしかに。

DAY6

Lesson 24 経験を尋ねる

ハヴュ
Have you …?
〜をしたことがある?

聞いてみよう!

お好み焼きを食べたことがあるか聞きたい。

> ハヴュ　　エヴハッ　　オコノミ**ヤ**キ
> ## Have you ever had okonomiyaki?
> お好み焼きを食べたことがある?

POINT!

- 一般的に「d」の音の前後に母音がくる場合は「ラ行」で発音するが、この場合、あとの単語が英単語ではない(日本語の)ため、「had」と「okonomiyaki」はつなげて発音しない。
- 「〜したことがある?」の表現には、「Have you 〜?」と「Have you ever 〜?」がある。「Have you〜?」はたとえば、日本を訪れている外国人観光客に「京都に行きましたか?」と尋ねるときに使う。一方「Have you ever 〜?」は「今までの人生で〜をしたことがある?」というイメージ。

Let's talk! 使ってみよう!

ハヴュ　　　ビンタ　　エノ**シー**マ
Have you been to Enoshima?

江の島に行ったことがある?

ハヴュ　　エヴ　　ビンタ　　デァ　**カ**ンスーッ
Have you ever been to their concert?

「t」は発音せず、「ッ」と言う

彼らのコンサートに行ったことある?

ハヴュ　　エヴ　スィーナ　**ラ**イヴ　**サ**ークー　ゲーイン 👄
Have you ever seen a live soccer game?

「ン」のあと、口を閉じて軽く音を出す

生のサッカー試合を見たことがある?

ハヴュ　　エヴ　　ビントゥア　キャウィ**オ**ウキ　ブァー
Have you ever been to a karaoke bar?

カラオケに行ったことある?
❶「karaoke」は英語で「カラオケ」ではなく「キャウィオウキ」と発音する。

ハヴュ　　エヴ　　ルアナ　**マ**ゥァファーン
Have you ever run a marathon?

「マラソン」より、「マゥァファーン」が近い発音

マラソンを走ったことがある?

175

こんなときなんて言う？

❶ 野生のコアラを見たことが あるか尋ねたい。

a wild koala?

野生のコアラを見たことがある？

❷ 納豆を食べたことが あるか尋ねたい。

	natto?

納豆を食べたことがある？

❸ スキーをやったことが あるか尋ねたい。

	skiing?

スキーに行ったことある？

❹ ある映画を見たことが あるか尋ねたい。

this movie?

この映画を見たことがある？

A 正解はこちら。

ハヴュ　　　エヴ　　スィーナ　**ワ**ィォッ コ**ワ**ーラ
Have you ever seen a wild koala?

野生のコアラを見たことがある?

❶「koala」は日本語だと「コ」を強く言うが、英語では「ワ」を強く発音する。

ハヴュ　　　　エヴ　チュアイッ **ナ**ットゥ
Have you ever tried natto?

納豆を食べたことがある?

ハヴュ　　　　エヴ　ゴァーン ス**キ**ーイン
Have you ever gone skiing?

スキーに行ったことある?

❶「gone」の「o」の音は「オ」よりも「ア」の発音に近い。

ハヴュ　　　エヴ スィーン ディス **ム**ーヴィ
Have you ever seen this movie?

この映画を見たことがある?

① Have you visited the landmarks in this city?

ハヴュ　　　ヴィズィリッダ　**ラ**ーンマークスィン　ディス　スィリ

この街のランドマークを見学しましたか？

❶「landmark」を形容詞にして「landmark buildings」という使い方も可能。

---

② Have you visited any art museums during your trip?

ハヴュ　　ヴィズィリレニ　**ア**ーッミューズィーウムズ　ジュインヨ　チュイッ

旅行中に美術館を訪れた？

❶「art museum」だと芸術を展示している「美術館」で「museum」だと「博物館」のこと。

---

③ Have you found any good cheap eats in town?

ハヴュ　　　**フ**ァウンネニッグッ　　**チ**ーッ**イ**ーッツィン　タウン

市内でおすすめできるB級グルメのお店いくつか見つかった？

❶「B級グルメの店」は「good cheap eats」または「good budget restaurants」と表現する。

---

④ Have you taken a stroll in the beautiful park in the area?

ハヴュ　　テイキナ　スチュ**オ**ーリンダ　ビューリフォ　**パ**ーキンディ　エーウィア

この辺りの美しい公園を散歩した？

❶「散歩する」ことを「take a walk」とも言うが「take a stroll」の方がゆったりと散歩するイメージ。

---

⑤ Have you experienced the vibrant nightlife in this town?

ハヴュ　　エックス**ピ**ーウィンスダ　**ヴァ**イブレンッ　**ナ**イッライフィン　ディスタウン

この街の夜のにぎやかな様子を見た？

❶「vibrant」はほかにも「vibrant business」（活気のあるビジネス）という使い方もする。

---

⑥ Have you considered taking a day trip to nearby attractions?

ハヴュ　　クンスイドゥーッ　テイキンア　**デ**イチュイッ　トゥ　ニゥバイ　アチュ**ラ**クシュンズ

近くの観光スポットに日帰り旅行するってのはどう？

❶「have you considered 〜?」は「〜を考えたことがある？」という意味。

---

⑦ Have you checked out the view from the observation deck?

ハヴュ　　チェック**タ**ウッ　ダヴューフォン　ディアップズ**ヴェ**イシュン　デッ

展望台からの眺めを見た？

❶「check out」はホテルのチェックアウト以外にも「見る」という意味でもよく使う。

---

⑧ Have you ever seen such a beautiful sunset?

ハヴュエヴ　**ス**イーン　サチュア　ビューリフォ　**サ**ンセッ

こんなに美しい夕焼けを見たことある？

❶自分が何かに驚いて相手に共感してほしいときに「have you ever ＋動詞＋ such」を使うとよい。

ハヴユエヴ　ハイク**タッ**パ　マウントゥン エネン**ジョ**イッ ダヴュー　フォン◇ ダタッ◇

⑨ Have you ever hiked up a mountain and enjoyed the view from the top?

山に登って頂からの眺めを楽しんだことある?

❶ 「hike up」と同じ意味で「climb up」も使える。

ハヴユエヴ　　**テ**ィステッ ダチュア **デイ**シュノー　ディシザディス　**ウイ**ージュン

⑩ Have you ever tasted the traditional dishes of this region?

この地域の伝統料理を食べてみたことある?

❶ 「自家製料理」のことは「homemade dishes」と表現する。

ハヴユエヴ　　　エックスプ**ロ**ーァダ ケイヴ

⑪ Have you ever explored a cave?

洞窟を探検したことある?

❶ 「explore」は「explore a different approach」(別のアプローチを探る) という使い方もする。

ハヴユエヴ　　エン**キャ**ウントゥーレニ フエンリ ワイォッ**ラ**イフ ジュインヨ チュ**イ**◇

⑫ Have you ever encountered any friendly wildlife during your trip?

旅行中に人懐っこい野生動物に遭遇したことがある?

❶ 「偶然会う」という意味で「come across」も使える。

ハヴユエヴ　　テイキナ　**ク**キン クラース タルァーンダ ロウコー **クイズ**ィーン

⑬ Have you ever taken a cooking class to learn the local cuisine?

郷土料理を学ぶ料理教室に参加したことある?

❶ 「local」は「現地の」や「地元の」という意味。

ハヴユエヴ　　エックス**ピ**ーウィンスダ　フリロヴ **ズイ**ッ◇ライニン

⑭ Have you ever experienced the thrill of ziplining?

ジップラインのスリルを味わったことある?

❶ 「thrill」と似た意味で「excitement」があるが、「thrill」の方がゾクゾクする感じが強い。

 ちょっとひといき

欧米ではハグの文化があります。親しい友達同士があいさつ代わりにハグをします。でも誰もがハグを歓迎するとは限らないので、相手の性格や状況から判断する必要があります。有名な話ですが、メーガン妃がキャサリン皇太子妃と初めて会ったとき、「キャサリン皇太子妃がハグを嫌がった」と言い、「英国人はハグを嫌がる」とまで発言。でも実際はそうではなかったようですよ。

179

経験がないことを伝える

アヴ**ネ**ヴ
I've never …
〜したことがない

聞いてみよう!

タイに行ったことがあるか尋ねたい。

> アヴ**ネ**ヴ　　ヴィズィリッ　　**タ**ィラーン
> ## I've never visited Thailand.
> タイに行ったことがない。

POINT!

- 「I've never」は「I have never」を短くした形。
- 「I have never」と似た表現で「I have not」があり、「I have never」の疑問形が「Have you ever ~?」で「I have not」の疑問形が「Have you ~?」になる。

Let's talk! 使ってみよう！

アヴ**ネ**ヴ　　　　ビンタ　　　デァ　　**カ**ンスーッ
I've never been to their concert.

「コンサート」よりも、「カンスーッ」がGOOD

彼らのコンサートに行ったことがない。

アヴ**ネ**ヴ　　**ハ**ァーッ　ディッ　サーン
I've never heard this song.

「d」の音はサッと消して「ッ」と置き換える

この曲を聴いたことがない。

アヴ**ネ**ヴ　　　ヴィズィリッ　アォスチュ**エ**ーリア
I've never visited Australia.

オーストラリアを訪れたことがない。

❶ 「Australia」は「オーストラリア」より「アォスチュエーリア」のほうが通じる。

アヴ**ネ**ヴ　　　　ビン　　デァ
I've never been there.

そこに行ったことがない。

アヴ**ネ**ヴ　　　　　バーラ　　**ナ**イフォウン
I've never bought an iPhone.

iPhoneを買ったことがない。

❶ 「bought an iPhone」はつなげて「バーラナイフォン」と発音する。

こんなときなんて言う?

**❶ メキシコ料理を食べたこと
がないことを伝えたい。**

Mexican food.

メキシコ料理を食べたことがない。

**❷ テニスをやったことが
ないことを伝えたい。**

tennis.

テニスをやったことがない。

**❸ 生きたヘビを触ったことが
ないことを伝えたい。**

snake.

本物のヘビを触ったことがない。

**❹ 今まで見た滝で一番大きい
ということを伝えたい。**

a big waterfall.

こんなに大きな滝を見たことがない。

A 正解はこちら。

アヴ**ネ**ヴ　　チュアイッ **メ**ックスィキュン　フーツ
I've never tried Mexican food.

「tr」は「チュ」と発音する

メキシコ料理を食べたことがない。

アヴ**ネ**ヴ　　プレーイッ　**テ**ニス
I've never played tennis.

「d」の音は「ッ」と置き換える

テニスをやったことがない。

アヴ**ネ**ヴ　　　タッチュタ　**ウイ**ーォ スネイッ
I've never touched a real snake.

「touched a」はつなげて「タッチュト ア＝タッチュタ」と発音する

本物のヘビを触ったことがない。

アヴ**ネ**ヴ　スィーン　サチャビッ　**ウア**ールファーォ
I've never seen such a big waterfall.

こんなに大きな滝を見たことがない。

183

① ディスィズ　ダフース　タイマイヴ　スィーン　サッチュ　スタニン　アーキテクチュー

① This is the first time I've seen such stunning architecture.

こんなに美しい建物をじかに見るのは初めて。

❶ 「architecture」は「建築様式」のことだが、会話では「建築物」のことも指す。

ディスィズ　ダフース　タイマイヴ　ビントゥア　ビーチュ　ディス ブィスティーン

② This is the first time I've been to a beach this pristine.

こんなに自然のままの海辺に来たのは初めて。

❶ 「pristine」は「文明に汚されていない原始のままの」という意味合い。

ディスィズ　マイ ヴェウィ　フースタイン⇔　チュアーヴリン　アブラーッ

③ This is my very first time traveling abroad.

海外旅行に行くのは初めて。

❶ 「very」は「まったく」という意味もあり、「very first time」は「まったくの初めて」というニュアンス。

アヴァーウェイズ　ワネラゴウルア　ニントゥナーシュノ　ジャーズ フェスティヴォー

④ I've always wanted to go to an international jazz festival.

国際ジャズフェスティバルに行きたいとずっと思っていた。

❶ 「international」を「イヌナーシュノー」と発音することも可能。

アヴネヴ　テイステレニフィン　アッスパイスィ アズ ディス

⑤ I've never tasted anything as spicy as this!

これほど辛い食べ物、食べたことない!

❶ 「辛い」を「hot」とも言うが、「熱い」という意味としても使うので「spicy」のほうが無難。

アヴ チュアーヴォダラッ ブッネヴ フヴァイ スィーン サチュア ブエッフテイキン ラーンスケイ⇔

⑥ I've traveled a lot, but never have I seen such a breathtaking landscape.

今までたくさん旅行してきたが、こんなに息をのむような美しい景色を見たのは初めて。

❶ 「I have never」とも言えるが、「never have I」と表現することで「初めて見た」ということが強調される。

アヴ スィーン メニ ムーヴィーズ ブッネヴ ワン ウィッ サチュア スプライズィン ブラットウィス

⑦ I've seen many movies, but never one with such a surprising plot twist.

今までたくさんの映画を見てきたけれど、これほど予想外な展開のものは初めて。

❶ 「plot twist」が「予想外の話の展開」なので話の展開がかなり予想外だったというニュアンス。

アヴネヴ　イーヴン　ファーラバウリッ

⑧ I've never even thought about it.

それについて考えたことすらなかった。

❶ 「even」は「すら」という意味なので考えたことがなかったことをより強調する。

アヴ **ネ**ヴ　　　　ビンマチョヴァ　　　**モ**ーニン　　プースン

⑨ I've never been much of a morning person.

昔から朝は苦手なほうだ。

❗「not much of a」とは「たいして〜ではない」や「〜が苦手」と表現するときに使う。

- -

アヴ**ネ**ヴビン　　マチョヴァ**ク**ッ　ブライキュン　メイカ　　グ**ラ**ームレッ　ナウ

⑩ I've never been much of a cook, but I can make a good omelet now.

昔から料理はあまり上手ではないけれど、今はおいしいオムレツが作れる。

❗「オムライス」は「omelet with ketchup-flavored fried rice」など説明文になる。

- -

アヴ**ネ**ヴビン　　　　マチョヴァ　　　**ブ**ックウォーアン

⑪ I've never been much of a bookworm.

昔から大の本好きではない。

❗「bookworm」は本当に熱心な読書家のことで、もう少し軽い意味の「book lover」もあります。

- -

アヴ**ネ**ヴ　　チョウズン　フ**ア**ーイズ オヴァ **サ**ーレッ

⑫ I've never chosen fries over salad.

サラダとポテトならサラダを必ず選ぶ。

❗「〜より〜を選ぶ」ことを「choose 〜 over 〜」と表現できる。

- -

アヴ**ネ**ヴ チョウズン　　　**マ**ニオウヴ　　クワーリリ タイン ウィッ**フア**ームリ

⑬ I've never chosen money over quality time with family.

家族と充実した時間を過ごすことよりお金を選んだことは一度もない。

❗「quality time」とはだれかと関係を深めるためにすごく特別な時間というニュアンス。

- -

アヴ**ネ**ヴ エックス**ピ**ウィエンストゥ サチュアニン**テ**ンス　ファンドゥストーマズ　ラース**ナ**イッツ

⑭ I've never experienced such an intense thunderstorm as last night's.

昨夜ほど激しい雷雨を経験したのは初めて。

❗「稲妻」のことを「lightning」（ライッニン）、「雷鳴」のことを「thunder」（ファンドゥー）と言う。

- -

 ## ちょっとひといき

　アメリカやカナダはチップ制度なので、レストランのスタッフはやたら愛想がいいです（笑）。給料よりもチップのほうが多いことも、珍しくありません。ちなみに日本では「すみません」と呼ぶか、呼び出しベルを鳴らさないと店員さんは来てくれませんよね。だからといってサービスが悪いわけではなく、呼び出した後の対応がとてもきちんとしているので、外国人には喜ばれています。

Lesson 26 方法を尋ねる

ハルアイ
How do I …?

どうやって〜?

🎧 聞いてみよう!

どうやって書くのか（つづりを）尋ねたい。

> ハルアイ　　スペォ　　ダッ
> # How do I spell that?
> それ、どういうつづりなの?

ムッギーゥ
スチュイーットゥ

POINT!

● 「do」は単体で読むと「ドゥ」だが、文章の一部の場合、強調して読まないので、会話では軽く「ル」と発音するとちょうどいい。

● 「spell」の「l」は発音してもしなくてもOK。発音しないほうがむしろ、次の単語「that」との間があかなくてネイティブっぽい。

● 主語を「I」ではなく「you」を使うことも可能。その場合、「あなた」という意味ではなく、一般の人を指して「人は」という意味で使う。

Let's talk! 使ってみよう!

ハルアイ **ドゥ**ィッ
How do I **do it?**
「How do」は「ハウドゥー」ではなく「ハル」

それってどうやってやるの?

ハルアイ **ゲ**ットゥラ **ミュー**ズィーウン👄
How do I **get to the museum?**

博物館にはどのように行くの?

ハルアイ **ペ**ィ
How do I **pay?**

支払いはどうやってするの?

ハルアイ **オ**ードゥ
How do I **order?**

注文はどうやってするの?

ハルアイ メイカ ルェズ**ヴェ**イシュン
How do I **make a reservation?**
「make a」はつなげて「メイカ」と発音　　tionは「ション」ではなく「シュン」と発音する

予約はどうやってするの?

こんなときなんて言う?

❶ 使い方を知りたい。

⬜ **this?**

これどうやって使うの?

❷ 食べ方を知りたい。

⬜ **this?**

これどうやって食べるの?

❸ チケットをアップグレードしたい。

⬜ **ticket?**

チケットをアップグレードするにはどうすればいいの?

❹ 「乾杯」をドイツ語で何と言うのか知りたい。

"Cheers!" in German?

ドイツ語で「乾杯!」は何と言うの?

正解はこちら。

ハルアイ **ユ**ーズ ディス

How do I use this?

これどうやって使うの?

ハルアイ **イ**ーッ ディ人

How do I eat this?

これどうやって食べるの?

ハルアイ **ア**ッ👄グエイッ マイ ティケッ

How do I upgrade my ticket?

チケットをアップグレードするにはどうすればいいの?

ハルアイ セイ **チ**ーアズィン **ジュ**アームン

How do I say "Cheers!" in German?

ドイツ語で「乾杯!」は何と言うの?

❶「How do I say」と似た表現で「How can I say」があり、両方とも「〜はどう言うの?」という意味で使える。また、ネイティブは何かをうまく説明できないときに先に「How can I say this?」(ハケナイ **セ**イ ディス)(どう言えばいいかな?)とよく言う。

❶「〜はどう言うの?」という意味で、よく「How to say 〜?」や「What to say 〜?」を時々耳にするが、正しくは「How do I say 〜?」または「How can I say 〜?」と表現する。

189

❶ ハルアイ ゲットゥラ ニーウェス チュ**エ**インステイシュン
How do I get to the nearest train station?
ここから最寄りの駅までどうやって行ける？
❶ ある場所への行き方を尋ねる時には「How do I go to」よりも「How do I get to」の方が一般的。

---

❷ ハルアイ **ユ**ーズ パブリッ チュアンスプ**テ**ィシュニン ディッ **ス**イリ
How do I use public transportation in this city?
この街ではどうやって公共交通機関を使うの？
❶ 「公共交通機関」のことを「the public transportation system」とも表現する。

---

❸ ハルアイ ブカ**トゥ**ーアダ フェイムス **ラ**ーンマックス
How do I book a tour of the famous landmarks?
有名なランドマークのツアーはどのようにして予約するの？
❶ 「book」は確定した予約、「reserve」はキャンセルできる状態でキープするという意味合い。

---

❹ ハルアイ セイ フェンキュ イン ジュアームン
How do I say "thank you" in German?
ドイツ語で「ありがとう」はどう言うの？
❶ 「how do you say」もよく使う。

---

❺ ハルアイ メイッ ニュー フ**エ**ンズ ワイォ チュアーヴリン **ソ**ウロゥ
How do I make new friends while traveling solo?
ひとり旅しながら新しい友だちを作るにはどうすればいい？
❶ 「ひとり旅する」ことを「travel alone」と言ってもいい。

---

❻ ハルアイ エンジョイダ **トゥ**ーイッサチュアックシュン ザナ**バ**ジェッ
How do I enjoy the tourist attractions on a budget?
限られた予算内で観光スポットを楽しむにはどうすればいい？
❶ 「budget」は「予算」だが、「budget hotel」（安いホテル）のように「安い」という意味でも使える。

---

❼ ハルアイ **ア**ックセスダ ワイファイ アッディスキャー**フェ**イ
How do I access the Wi-Fi at this café?
このカフェでWi-Fiに接続するにはどうすればいいの？
❶ 「東京へのアクセスがいい」という場合、「easy access to Tokyo」と表現できる。

---

❽ ハルアイ ルェンタ **バ**イスィコー トゥエックスプ**ロ**ーァ ダタウン
How do I rent a bicycle to explore the town?
市を散策するための自転車を借りるためにはどうすればいい？
❶ 「借りる」は「borrow」もあるが、お金を払って借りる場合は「rent」を使う。

ハルアイ　シャッ⇔　フスーヴニーアズ　ウィダウ　ロウヴス**ペ**ンディン

⑨ **How do I shop for souvenirs without overspending?**

お金を使いすぎずにお土産を買うにはどうすればいい？

❶「予算をオーバーする」ことを「overspend the budget」と表現できる。

ハルアイ　　アヴォイッ　**トゥ**ールイッ　スキャーン⇔ズィン　ディセウィア

⑩ **How do I avoid tourist scams in this area?**

この地域で観光詐欺を避けるにはどうすればいい？

❶「観光詐欺に気を付けて」と伝えたいときに「watch out for tourist scams」と表現できる。

ハルアイ　ジョイナ　グ**ルー**ッ⇔トゥア　トゥヴィズィッダ　**カ**ンチュイサイツ

⑪ **How do I join a group tour to visit the countryside?**

田舎を楽しめる団体旅行に参加するにはどうすればいい？

❶「package tour」は「パッケージ旅行」、「independent tour」は予約などを個人で行う「個人旅行」のこと。

ハルアイ　　メイッダ　**モ**ゥッソマイ　タイミン　ディッ　**ィ**リ

⑫ **How do I make the most of my time in this city?**

この街で時間を最大限活用して楽しむ方法は？

❶「make the most of the opportunity」（機会を最大限に活用する）などの使い方もする。

ハルアイ　　クネットゥラ　　ホウトゥオズ　ワイウレス　**ネ**ッウォーアッ

⑬ **How do I connect to the hotel's wireless network?**

ホテルの無線ネットワークに接続するにはどうすればいい？

❶「有線ネットワーク」だと「wired network」と言う。

ハルアイ　　　チェキャラダ　　　ホウ**テ**ォ

⑭ **How do I check out of the hotel?**

ホテルのチェックアウトはどうすればいいの？

❶スーパーのレジで会計を済ませることを「check out at the register」と表現できる。

 ちょっとひといき

　日本では当たり前である"ピザにコーン"。これ、アメリカ人にとってはかなり不思議です。ちなみにアメリカでは、「ピザにパイナップルは"あり"か"なし"か」というテーマが長年議論されています。このテーマを米紙「ワシントン・ポスト」がとり上げたくらい。私はピザもパイナップルも大好きですが、パイナップルピザはちょっと……。じつは、"ピザにコーン"も微妙です（笑）。

DAY 7

Lesson27
知識を尋ねる

Lesson28
個数・回数を尋ねる

Lesson31
存在するか尋ねる

Lesson29

タイプ・種類を尋ねる

Lesson30

具合・感想を尋ねる

デュノウ
Do you know …?
～を知っている?

聞いてみよう!

あるアニメを知っているか尋ねたい。

デュノウ　　　　　ディッ**サ**ーニメイ
Do you know **this anime**?

このアニメ知っている?

POINT!

● 「Do you know」のあとに人の名前を入れる場合は、一般的には直接会って話したことのある人のことを言うときに使う。そうでないときは「Do you know of ～?」を使うといい。たとえば、女優ジュディ ガーランドのことを知っているかと尋ねる場合「Do you know of Judy Garland?」(デュノウ オヴ ジューリ **ガ**ゥルン) と表現するとよい。しかし、実際はジュディ ガーランドに関してもそうだが、相手が直接知り合いではないことが明らかな場合は、「Do you know ～?」でも問題ない。

Let's talk! 使ってみよう!

デュノウ　　　　　ハウル　　　**ゲ**ッデァ
Do you know how to get there?

行き方を知っている?

❶「to」はそれだけを言うと「トゥ」と発音するが、文章の一部の場合はよく「ル」と発音する。

デュノウ　　　　ウィッチュ**エ**イン スタップサッ **パ**ーディントゥン
Do you know which train stops at Paddington?

「which train」=「ウィッチュエイン」と言う　　「ストップ」よりも「スタップ」が近い

どの電車がパディントン駅に止まるか知っている?

❶「stops at」はつなげて発音する。

デュノウ　　　　アグッ　　　プレイス　タ **イ**ーッ
Do you know a good place to eat?

「t」の音は「ッ」と置き換える

どこかおいしいお店を知っている?

デュノウ　　　　エニ　　ジャープニーズ　**ウォ**アーズ
Do you know any Japanese words?

日本語で知っている言葉はある?

デュノウ　　　　ウェアイキュン　　バイ アナンブ**エ**ラ
Do you know where I can buy an umbrella?

傘が買えるお店はどこか知っている?

195

こんなときなんて言う？

❶ タクシーを拾いたい。

[ ] [ ] [ ] [ ]
[ ] [ ] **get a taxi?**

タクシーが拾える場所を知っている？

❷ コインロッカーの使い方を知っているか尋ねたい。

[ ] [ ] [ ]
[ ] [ ] **use this?**

これの使い方を知っている？

❸ ユーロが使えるか知りたい。

[ ] [ ] [ ] [ ] [ ]
[ ] [ ] **here?**

ここユーロが使えるか知っている？

❹ 薬局を探している。

[ ] [ ] [ ] [ ]
[ ] [ ] **a drugstore?**

薬局がある場所を知っている？

A 正解はこちら。

デュノウ　　　　　ウェアイキュン　　ゲラ**タ**ークスィ
Do you know where I can get a taxi?
タクシーが拾える場所を知っている?

デュノウ ハウル　　　**ユ**ーズ ディス
Do you know how to use this?
これの使い方を知っている?

❶「to」はそれだけを言うと「トゥ」と発音するが、文章の一部の場合はよく「ル」と発音することが多い。

デュノウ　　　　　イッフデ　アックセップ **ユ**ーウォウズ　ヒゥ
Do you know if they accept euros here?
ここユーロが使えるか知っている?

❶ここの「they」は強く発音しないので、「デ」と発音してもよい。

デュノウ　　　　ウェアイキュン　ファイナ ジュ**ア**ッグストア
Do you know where I can find a drugstore?

> 「find a」は「ファイナ」と発音

薬局がある場所を知っている?

❶「nd」の音のあとに母音がきたら、「な行」に変わるので「find a」は「ファインダ」ではなく、つなげて「ファイナ」と発音する。

197

more phrases —ほかにも表現があるよ

❶ ウ**ジュ**ハッ◯ン　　テノウ　　ウェダ　　ルェスチューミズ

Would you happen to know where the restroom is?

お手洗いの場所を知っていますか？

❶「do you happen to know」を丁寧に表現した場合。

---

❷ ウ**ジュ**ハッ◯ン　テノウ　ワッタイン◯　ダミューズィア **モ**ウプンズ

Would you happen to know what time the museum opens?

美術館が何時に開くか知っていますか？

❶「would you know」だと「あなただったら〜知っている？」というニュアンスが含まれることが多い。

---

❸ ウ**ジュ**ハッ◯ン　テノウ　イフ　デーザ　グッ **ルエ**ストゥラーン ヌラウン　ヒゥ

Would you happen to know if there's a good restaurant around here?

この辺りにおいしいお店があるか知っていますか？

❶少し変えて「You wouldn't happen to know …, would you?」という言い方もする。

---

❹ ウ**ジュ**　　バイエニチャンス　　ノウハウル　　ゲットゥラ　ス**テ**ィシュン フォン◯ヒゥ

Would you by any chance know how to get to the station from here?

ここから駅への行き方を知っていますか？

❶「by any chance」は「ひょっとして」という意味。

---

❺ ウ**ジュ**　　バイエニチャンス　ノウェアイキュン　　バイスン◯ スーヴニーアズ

Would you by any chance know where I can buy some souvenirs?

どこでお土産が買えるか知っていますか？

❶「by chance」という表現もあるが「by chance」は「偶然に」や「たまたま」という意味。

---

❻ ウ**ジュ**　　バイエニチャンス　　ノウダ　ワイファイ **パ**ースウォアーッフ ディス　プレイス

Would you by any chance know the Wi-Fi password for this place?

ここのWi-Fiのパスワードを知っていますか？

❶似ている「if by any chance」は「万が一」という意味。

---

❼ ケニュ　　テオミ　　ウェンダ　　ネックス **トゥ**ーアダキャーソ　　スターツ

Can you tell me when the next tour of the castle starts?

お城のツアーは、次回何時からですか？

❶「castle」はお城のことだけれど、大邸宅のことを「castle」と言うこともある。

---

❽ ケニュ　　テオミ　　ウィッチュ プ**ラ**ーッフォウ◯ ダチュエインタ　パーウィス リーヴズ フォン◯

Can you tell me which platform the train to Paris leaves from?

パリ行きの列車はどのホームから発車しますか？

❶電車の「ホーム」は「home」や「form」ではなく「platform」。

---

⑨ ハヴュガレニ　アィ**ディア**　ウバウッ　ワッダ　ウェドゥ　ウィォ **ビ**ーライッ　トゥマーロウ

Have you got any idea about what the weather will be like tomorrow?

明日どんな天気になるか知っていますか？

❶ 「Have you got any idea about」は「どんな些細な情報でもいいから何か知っている？」というニュアンス。

- -

⑩ デュ**ノ**ゥ　イフディス　ミュー**ズ**イウミズ　フ**イ**ーフ　ストゥーレンツ

Do you know if this museum is free for students?

この美術館は学生無料かどうか知っている？

❶ 「学生割引」の場合は「discount for students」と表現できる。

- -

⑪ デュ**ハ**ッ⟳ンテノウ　ウェア　アィキュン ルレンタ**バ**イッ　フダディ

Do you happen to know where I can rent a bike for the day?

自転車を1日レンタルできる場所知っている？

❶ 「for the day」は他にも「plans for the day」（今日の予定）という使い方もできる。

- -

⑫ デュ**ハ**ッ⟳ンテノウ　アナイス**パ**ッ　トゥテイィ　フォウロゾダ　**ス**ィリ

Do you happen to know a nice spot to take photos of the city?

市内の素敵な写真が撮れる場所知っている？

❶ 「Do you happen to know」は「ひょっとして〜を知っていたりしませんか？」というニュアンス。

- -

⑬ デュハヴェニ　**ナ**ーリジョヴ　ウィッチュ　**バ**ッサイシュッテイ　トゥゴウトゥラ　シュ**ラ**イン

Do you have any knowledge of which bus I should take to go to the shrine?

神社へ行くにはどのバスに乗ればいいか知っていますか？

❶ 「knowledge」は「知識」のこと。

- -

⑭ デュハヴェニ　**ナ**ーリジョヴ　ウェアアィキュン　キャーチャ　**タ**ークスィ インディセウィア

Do you have any knowledge of where I can catch a taxi in this area?

このあたりだと、どこでタクシーをつかまえられるか知っていますか？

❶ 「タクシーをつかまえる」ことを「grab a cab」とも言う。「take a taxi」は「タクシーに乗る」こと。

- -

 ちょっとひといき

　アメリカやカナダの子どもたちのお弁当は、茶色い紙袋にサンドイッチと
りんご丸ごとorバナナ、ポテチというイメージがあります。お弁当箱やお箸、
スプーンなどがなく、食べ終わったら全部ゴミ箱に捨てられるので楽だと思
われているようです。私が子どもの頃、母がかわいいお弁当を用意してくれ
たとき、友だちが「かわいい」と言ってくれたのを思い出します。

Lesson 28 個数・回数を尋ねる

ハメニ
How many …?
いくつの〜?

聞いてみよう！

あるアニメを知っているか尋ねたい。

> ハメニ　　**シュ**グーズ
> ## How many sugars?
> お砂糖はいくつ？

POINT!

● 「sugar」の「a」は「ア」より「ウ」の発音に近い。
● 「How many」のあとには必ず可算名詞、つまり数えられるものがくる。「砂糖」は不可算名詞だが、会話ではスプーン何杯または角砂糖何個という意味で普通に可算名詞として扱う。また、何を指しているのかが明らかな場合は、「How many?」のみでもOK！
● 不可算名詞の場合は「How much」を使う。たとえば「How much rain fell?」（ハウ マッチュ **ル**ェイン フェォ）（雨はどれくらい降った？）と言う。

200

Let's talk! 使ってみよう!

ハメニ　　　　ミニッツォン　　**フッ**
How many minutes on foot?

「minutes on」はつなげて、「ミニッツォン」と発音する

徒歩何分?

ハメ二
How many?
いくつほしい?

ハメニ　　　ア　**レ**ッフ
How many are left?
何個残っている?

ハメニ　　　タイン⇔ザヴュ　　ビンタ　**ト**ウキョー
How many times have you been to Tokyo?
東京には何回行ったことがある?

ハメニ　　　タイン⇔ザヴュ　　ヴィズィリッ　**パ**ーウィス
How many times have you visited Paris?

「ヴィズィリッ」と発音

パリは何回訪れたことがある?
❶「visited」の「t」の音の前後に母音がくるので「ラ行」で発音する。

こんなときなんて言う?

❶ 乗っている時間を
　知りたい。

　[　] [　] [　]
　does it take?
　何時間かかる?

❷ 何日間の滞在かを
　尋ねたい。

　[　] [　] [　] [　]
　[　] [　] **in Japan?**
　日本には何日間の滞在?

❸ グラスがいくつ
　必要かを尋ねたい。

　[　] [　] **glasses?**
　グラスはいくつ?

❹ 何名かを尋ねたい。

　[　] [　] **?**
　何人?

A 正解はこちら。

ハメニ　アーウァーズ　ダズィッ　テイッ

How many hours does it take?

何時間かかる？

❗「時間」のことを「time」と覚えていて、「How many times」と使う人が時々いるが、「time」は1時間、2時間など数える時間としては使わない。「time」を使う場合は「時間的にどれくらい」というニュアンスの「How much time」を使う。ちなみに、「How many times」は「何回」という意味。

ハメニ　デーイザユ　ステイン　インジュペーン

How many days are you staying in Japan?

> 「ジャパン」より「ジュペーン」のほうが通じる

日本には何日間の滞在？

ハメニ　グラースズ

How many glasses?

グラスはいくつ？

❗「glass」は「グラス」「コップ」「ガラス」のことを指す。
❗複数形の「glasses」だと「複数のグラス」または「メガネ」のことを指す。
❗「コップ」は「glass」で「カップ」は「cup」と言う。

ハメニ

How many?

何人？

❗これは飲食店で一般的によく使う。

❶ ハメニ **カ**ンチュイーズ ハヴュ ヴィズィリッ ソウファー

❶ How many countries have you visited so far?

今まで何か国訪れましたか？

❶「今のところ順調」と表現するとき「So far, so good.」というフレーズをよく使う。

---

❷ ハメニ **ス**イブリングズ ディヤハヴ

❷ How many siblings do you have?

きょうだいは何人いる？

❶「sibling」とは男女の別をつけないきょうだいのこと。

---

❸ ハメニ **ラ**ングエジュズ ドゥユ スピーツ

❸ How many languages do you speak?

何カ国語話せますか？

❶ 必要最低限のことが言える場合は「I get by in English.」と表現できる。

---

❹ ハメニ **デ**ィズ ウィウ ユビ ス**テ**ィン ヒュ

❹ How many days will you be staying here?

ここには何日間の滞在ですか？

❶ ある場所や状態にとどまるときに「stay」を使うが、「滞在する」という意味でもよく使う。

---

❺ ハメニ **ム**ーヴィーズ ハヴュスィーン ディスマンフ

❺ How many movies have you seen this month?

今月、映画を何本見た？

❶「early this month」なら「今月のあたまに」という意味。

---

❻ ハメニ **ア**ーウァーザスリーッ◇ ディユ ユージュオリ**ゲ**ッ

❻ How many hours of sleep do you usually get?

普段の睡眠時間は何時間？

❶「睡眠時間を確保する」ことを「get sleep」と表現する。

---

❼ ハメニ フ**エ**ンザユ インヴァイリン トゥリ イヴェンッ

❼ How many friends are you inviting to the event?

イベントにお友だちを何人誘う？

❶ 返事をするときに「2、3人」の場合は「a couple」、「数人」の場合は「a few」と言う。

---

❽ ハメニ **ピ**ースィザ **ラ**ゲッジュ ディヤ ハヴ

❽ How many pieces of luggage do you have?

荷物はいくつお持ちですか？

❶「luggage」は不可算名詞なので「piece」が前につく。

ハメニ　　　　ディズーツ　　ディジュ　チュアイ　アッダ　ブッフェイ

⑨ How many desserts did you try at the buffet?

ビュッフェでいくつのデザートを食べてみた？

❶「食べ放題」のことを海外では「buffet」または「all-you-can-eat buffet」と言う。

ハメニ　　**イ**ーァズ　　ハヴユビン　　　プレインダ　　ピ**ア**ーノ

⑩ How many years have you been playing the piano?

ピアノは何年弾いていますか？

❶「How many years have you been」は「何かを始めて何年になりますか?」を表現するときに使う。

ハメニ　　**フォ**ゥロゥズ　ディジュ　　テイカニョ　　ヴケイシュン

⑪ How many photos did you take on your vacation?

休暇中、写真を何枚撮った？

❶「写真」のことを「picture」とも言うが「picture」は「絵画」や「画像」という意味もある。

ハメニ　　　　　**エ**ピソーザ　　デゥ　　インダッ　**ティー**ワ**イー**スィーウィーズ

⑫ How many episodes are there in that TV series?

そのTVシリーズは全何話ありますか？

❶アメリカのテレビドラマの第1話のことをよく「pilot」と言う。これは試験的に放映する番組である。

ハメニ　　　**ペ**インティングザ　　ディスプレイリン　ディ**ア**ーツ　ギャールイ

⑬ How many paintings are displayed in the art gallery?

そのギャラリーには何枚の絵画が展示されている？

❶「art gallery」とは美術品やアート作品を展示、販売するスペース。

ハメニ　　　**ミ**ニッツ　　ダズィッ　テイッ　トゥラ　ステイシュン

⑭ How many minutes does it take to the station?

駅まで何分かかる？

❶「take」は「取る」という意味以外にも「（時間が）かかる」という意味としても使う。

 ちょっとひといき

　日本人からすると少し気恥ずかしいものですが、世界の多くの国で挨拶としてチークキスをする文化があります。地域によって回数が違いますが、ほとんどの場合、左右に一回ずつ。チークキスと言っても、直接相手の頬にキスをするのではなく、自分の頬が相手の頬に軽く触れた瞬間、空気キスする感じです。カナダのケベック州でもとても自然な習慣です。

ワッカイナ
What kind of …?

どんな〜?

聞いてみよう!

どんなお店なのかを尋ねたい。

> ワッカイナ **シャ**ーピズ ダッ
> # What kind of shop is that?
> あれはどんなお店?

POINT!

- 「kind of」は「カイノヴ」と発音する人もいれば「カイナ」と発音する人もいる。いずれにしても「kind of」の後にくる単語が重要なので、「kind of」自体はさらっと発音する。
- 「種類」のことを「type」とも言う。「kind」は「どんな感じ? こんな感じ」というあいまいなイメージで、「type」はよりきっちりとした種類というイメージ。「What kind of pet do you have?」(ワッカイナ ペッ ディヤ ハヴ)(どんなペットがいるの?)という質問に対しては「犬」や「猫」と具体的な返事をする。

Let's talk! 使ってみよう!

ワッカイナ　　　**フ**ーッ　ディヤ　ライッ
What kind of food do you like?

「フード」ではなく「**フ**ーッ」　　「ライク」ではなく「**ラ**イッ」

どんな**食べ物**が好き?

❶「food do」は「d」の音が続くので「food」の「d」を消して「ッ」と置き換える。

ワッカイナ　　　**ム**ーヴィーズ　ディヤ　ライッ
What kind of movies do you like?

どんな**映画**が好き?

ワッカイナ　　　プ**レ**イスィズィッ
What kind of place is it?

つなげて「プ**レ**イスィズィッ」と発音

それはどんな**場所**?

❶「place is it」はつなげて発音する。

ワッカイナ　　**フ**イングズ　ディユ　ドゥ　アンヌィーケンズ
What kind of things do you do on weekends?

週末はどんなことをするの?

❶「on weekends」の「on」は「オン」ではなく「アン」と発音し、「weekends」とつなげるので「アンヌィーケンズ」と発音する。

ワッカイナ　　プ**レ**イスズ　ディヤ　ライッ　タ　ヴィズィッ
What kind of places do you like to visit?

「t」の音は消して「ッ」に

どういう**ところ**を訪れるのが好き?

Q こんなときなんて言う？

❶ どんな音楽が好きなのかを尋ねたい。

do you like?

どんな音楽が好き？

❷ どんな魚なのかを尋ねたい。

is that?

それは何のお魚？

❸ どんな頭痛なのかを尋ねたい。

  do you have?

どんなふうに頭が痛いの？

❹ どんなお土産を探しているのかを尋ねたい。

are you looking for?

どんなお土産を探しているの？

A 正解はこちら。

ワッカイナ　　**ミュ**ーズィッ　ディヤ　　ライッ
What kind of **music do you like**?

「c」の音は「ッ」と置き換える

どんな音楽が好き?

ワッカイナ　　　**フィ**ッシズ　ダッ
What kind of **fish is that**?

それは何のお魚?

ワッカイナ　　　**ヘ**レイッ　　ディヤ　　ハヴ
What kind of **headache do you have**?

「ヘッドエイク」ではなく「ヘレイッ」が通じる

どんなふうに頭が痛いの?
❶ 「headache」の「d」の音は前後に母音があるので「ラ行」で発音する。

ワッカイナ　　スーヴ**ニー**アユ　　ルキン フォア
What kind of **souvenir are you looking for**?

どんなお土産を探しているの?

more phrases—ほかにも表現があるよ

❶ What kind of music do you enjoy listening to?
ワッカイナ　ミューズィッ　ディヤ　エンジョイ　リスニントゥ

どんな音楽を聴くのが好き？

❶「enjoy listening to」は「〜を聴いて（聞いて）楽しむ」という意味。

---

❷ What kind of sushi toppings do you like?
ワッカイナ　スーシ　タービングズ　ディヤ　ライッ

どんな寿司ネタが好き？

❶海外の寿司は巻物が多いため、好きな寿司ネタを知りたいときには「sushi topping」を使うといい。

---

❸ What kind of food do you usually eat for breakfast?
ワッカイナ　フードゥユ　ユージュオリ　イーッフ　ブエックフス

普段、朝食にはどんなものを食べる？

❶「what food」と表現すると、具体的な食べ物を聞いていることになる。

---

❹ What kind of flowers grow in Okinawa?
ワッカイナ　フラーウーズ　グオウィン　オッキナーワ

沖縄ではどんな花が咲く？

❶花が「咲く」ことを「bloom」とも言う。

---

❺ What kind of weather are we gonna have tomorrow?
ワッカイナ　ウエドゥ　アウィガナ　ハヴ　トゥマーロゥ

明日はどんな天気？

❶天気の話をするときには「We're going to have a＋天気＋dayまたはweather.」と表現することもある。

---

❻ What kind of restaurants do you like to dine at?
ワッカイナ　ルエストゥラーンツ　ディヤ　ライッタ　ダイナッ

どんなお店で食事をするのが好き？

❶「食事をする」ことを「have a meal」とも言う。「dine」の方が上品なイメージがある。

---

❼ What kind of places do you like to visit on your vacation?
ワッカイナ　プレイスィズ　ディヤ　ライットゥ　ヴィズィラニョ　ヴケイシュン

休みのとき、どんな場所に行くのが好き？

---

❽ What kind of TV shows do you usually watch?
ワッカイナ　ティヴィーショウズ　ディユ　ユージュオリ　ワッチュ

普段どんなテレビ番組を見る？

❶「usually」は「普段」、「generally」は「一般的に」という意味。

ワッカイナ　　クロウズ　ディユ　フィオ モウス　カン**フ**タボーイン
⑨ **What kind of clothes do you feel most comfortable in?**
どんな服が一番着心地がいい？
❶「feel comfortable with＋人」はある人と一緒にいるとくつろいだ気持になれるという意味で。

ワッカイナ　　ヴァウッド　アク**テイ**ヴィリーズ　ディユ　エンジョイ
⑩ **What kind of outdoor activities do you enjoy?**
どんな野外活動が好き？
❶「屋内活動」は「indoor activities」

ワッカイナ　　ディ**ズ**ァーツ　ディヤ　　ハヴァ　スィー**トゥー**フ フォア
⑪ **What kind of desserts do you have a sweet tooth for?**
どんなデザートが好き？
❶「sweet tooth」は「甘党」のことで、「私は甘党です」なら「I have a sweet tooth」と言う。

ワッカイナ　　**ウォ**ァーッ　ディユ　ドゥ
⑫ **What kind of work do you do?**
どんなお仕事をされているのですか？
❶相手の仕事をたずねるとき、「What do you do?」もよく使う。

ワッカイナ　フ**ラー**ウーズ　ディヤ　ライッ　ウィスィーヴィン アザギッフ
⑬ **What kind of flowers do you like receiving as a gift?**
人からお花をもらうとしたらどんなお花が好き？
❶「人にギフトとしてあげる」場合は「offer as a gift」と表現できる。

ワッカイナ　フ**エ**ンズ　ディヤ　　ライッタスペン　　タイムウィッ
⑭ **What kind of friends do you like to spend time with?**
どんなタイプの友だちと時間を過ごすのが好き？
❶「spend money」（お金を使う）や「spend energy」（労力をかける）という使い方もする。

 ちょっとひといき

　私は子どものころに2回、歯の矯正をしました。北米ではきれいな歯並び
が当たり前です。歯並びがよくないと必ずと言っていいほど早めに矯正しま
す。歯並びが悪いのは親として責任を果たしていない、という考え方もある
ほど。日本でも最近は、歯の矯正の話をよく聞くようになりましたが、まだ"当
たり前"という感じではありませんよね。

Lesson 30 具合・感想を尋ねる

ハワズ
How was …?
〜はどうだった?

聞いてみよう!

フライトは快適だったかを尋ねたい。

> **ハワズョ** **フ<ruby>ラ<rt>ラ</rt></ruby>ィッ**
> ## How was your flight?
> フライトはどうだった?

POINT!

- 「was your」はつなげて「ワズョ」と発音。
- 「How was」はいろんな場面で「〜どうだった?」という意味で使える。使い方は「How was＋名詞 ?」。
- 「〜どうだった?」という意味で「How did you enjoy〜?」(ハリジュ エン**ジョ**イ) も使える。たとえば、「How did you enjoy your vacation?」(ハリジュ エンジョイ ヨ ヴ**ケ**イシュン) という使い方をする。これは明らかに辛い経験だったに違いないことに対してではなく、比較的楽しいことに対してどうだったかと聞くときに使う。

Let's talk! 使ってみよう!

ハワズ　　ダ　チュイッ😶
How was **the trip?**

「トリップ」は「チュイッ」のほうが近い発音

旅行はどうだった?
❶「p」の音は、くちびるを閉じるだけ。

ハ**ワ**ズィッ
How was **it?**
どうだった?

ハワズ　　ディ ィ**ヴェ**ンッ
How was **the event?**
イベントはどうだった?

ハワズョ　　**ス**ティ
How was **your stay?**
滞在はどうだった?

ハワズ　　ダ**ス**ーヴィス　　デア
How was **the service there?**
そこのサービスはどうだった?

こんなときなんて言う?

❶ どんな1日だったかを尋ねたい。

☐ ☐

　☐ day?

今日1日どうだった?

❷ 天気はどうだったかを尋ねたい。

☐ ☐

　☐ weather?

天気はどうだった?

❸ 試合はどうだったかを尋ねたい。

☐ ☐

　☐ game?

試合はどうだった?

We win!!

❹ 食事はどうだったかを尋ねたい。

☐ ☐

　☐ food?

食事はどうだった?

214

A 正解はこちら。

ハワズョ **ディ**
How was **your day?**
今日1日どうだった？

ハワズ ドゥ **ウェドゥ**
How was **the weather?**
天気はどうだった？

❶ 気候の豆知識
暑い：hot（ハッ） 　　　　涼しい：cool（クーゥ）
暖かい：warm（ウォーァ◡） 　寒い：cold（コーゥ）
　　　　　　　　　　　　　凍えるように寒い：freezing（フイーズィン）

ハワズ ダ **ゲィン**◠
How was **the game?**
試合はどうだった？

ハワズ ダ **フーッ**
How was **the food?**
食事はどうだった？

ハワズョ　　　　　**ウィ**ーケン
❶ How was your weekend?
週末どうだった?

❶「I didn't do anything special.」(特別なことは何もしなかった。) などと答えられる。

ハワズダ　　　　**ムー**ヴィ
❷ How was the movie?
映画どうだった?

❶「What was the movie like?」と聞かれたらどんな内容の映画だったかも追加するとよい。

ハワズディ　　　イ**ヴェ**ンッ　　　ユアテンデッ
❸ How was the event you attended?
参加したイベントどうだった?

❶「attend」は「出席する」という意味以外にも学校などに「通う」という意味でも使う。

ハワズョ　　　　フースデイ　　　**バー**カッ　ウォアーッ
❹ How was your first day back at work?
休み明けの仕事の初日はどうだった?

❶休み明けの仕事の初日について聞くときにはもちろん、育休復帰初日の場合も聞くことは可能。

ハワズョ　　　　ランチュ　　ウィ**ディ**ミ　　ディアドゥ　　デイ
❺ How was your lunch with Amy the other day?
先日のエイミーとのランチどうだった?

❶「the other day」は「先日」のことで、「別の日」だと「another day」になる。

ハワズ　　　ダ　　**ウエ**ドゥ　　ダウニン　　アォースチュ**エー**リア
❻ How was the weather down in Australia?
オーストラリアの天気はどうだった?

❶「down」はあってもなくてもよいが、意味としては話し手から地図上で南であることを意味する。

ハワズョ　　　　エックス**ピー**ウィエンスィン　ヴィエッナーン◯
❼ How was your experience in Vietnam?
ベトナムでの経験どうだった?

❶「How was your experience」の後に動詞を入れることも可能。

ハワズ　　　　ダ**ハ**イッ
❽ How was the hike?
ハイキングどうだった?

❶「どうだった?」は他にも「How did it go?」(ハウ ディリッ ゴウ) という表現がある。

⑨ How was the shopping spree?
ハワズ　ダ　**シャ**ーピン　スプイー

大量のショッピングどうだった？

❶ 何かを大量にするという意味で「binge」という言葉もある。

----

⑩ How was your time with your family?
ハワズョ　**タ**イムウィデョ　ファームリ

家族と一緒に過ごした時間、どうだった？

❶「親戚」の場合は「relatives」。

----

⑪ How was the food at the new restaurant?
ハワズ　ダ　**フ**ーラッ　ダニュー　**ルエ**ストゥラーン

新しいレストランでの料理どうだった？

❶「food」は「食べ物」というイメージが強いが 「料理」のことも言う。

----

⑫ How was your vacation in Hawaii?
ハワズョ　ヴ**ケ**イシュニン　フワーイ

ハワイでの休暇どうだった？

❶「休暇」のことをアメリカでは一般的に「vacation」と言い、イギリスでは「holiday」と言う。

----

⑬ How was your weekend getaway to the mountains?
ハワズョ　ウィーケン　**ゲ**ラウェイ　トゥラ　マウントゥンズ

週末の山へのお出かけどうだった？

❶「getaway」は日常生活から離れて楽しむ短い休暇という意味として使う。

----

⑭ How was I to know?
ハワ**ザ**ィ　タノウ

それを知るよしもなかったよ。

❶ 自分は正しい行動をとるために必要な情報が足りなかったと言い訳をするときに使う。

 ちょっとひといき

北米ではエレベーターやレジなど、何かを待っているときに、知らない人とスモールトーク（世間話、雑談）をよくします。非常にフレンドリーな人だと、家族の話など個人的な話をすることさえあります。日本でも高齢者などでは、知らない人と世間話をしている様子をときどき見かけますが、あまり考えられないことですよね。

存在するか尋ねる

イズ**デ**ァ
Is there …?
〜はある？

聞いてみよう！

ホテルの部屋を変えたい。

イズ**デ**ァナドゥ　　　ルーマ**ヴェ**イラボー
Is there another room available?

「ble」は「ボー」と発音する

ほかに空いている部屋はある？

LUXURY
HOTEL

POINT!

● 「room available」はつなげて発音する。
● 「available」は「利用可能な」という意味。
● 「質問はある？」と尋ねるときには「Is there a question?」ではなく、「Do you have any questions?」（デュ ハヴェニ ク**エ**スチュンズ）、数人の前で聞く場合は「Are there any questions?」（アーデァ エニ ク**エ**スチュンズ）またはシンプルに「Any questions?」（エニ ク**エ**スチュンズ）と言うとよい。

Let's talk! 使ってみよう!

イズ**デ**ァ　キャー**フェ**イ　ニゥヒゥ
Is there **a café near here?**

この近くにカフェある?

❶「カフェ」より「キャーフェイ」のほうが通じる。

イズ**デ**ァ　　バーフルーン⇔　ヒゥ
Is there **a bathroom here?**

『ン』の音を出したまま、口を閉じる

ここお手洗いある?

イズ**デ**ァ　　スン⇔　カイノヴィ**ヴ**ェンッ　タレイ
Is there **some kind of event today?**

「トゥデイ」ではなく『タレイ』と発音

今日何かのイベントでもあるのかな?

❶「kind of event」はつなげて「カイノヴィヴェン」と発音。

イズ**デ**ァ　　ウェイル　**チェ**ッ
Is there **a way to check?**

「ウェイ トゥ」より「ウェイル」がこなれている

確認する方法って、何かある?

❶「to」は「トゥ」だが、文章の一部の場合はよく「ル」や「ラ」と発音する。

イズ**デ**ァ　　プ**レ**イサイキュン　スィッ　ダウン
Is there **a place I can sit down?**

座れる場所ある?

❶「place I can」はつなげて「プレイサイキュン」と発音する。

こんなときなんて言う？

❶ 3時の電車があるか
知りたい。

☐ ☐ ☐
3 o'clock train?

3時の電車ある？

❷ 外国人がフロントで
何か困っているようだ。

☐ ☐
a problem?

何か問題があるの？

❸ ルームサービスが
あるかを知りたい。

☐ ☐
☐ **service?**

ルームサービスある？

❹ 道路が混んでいるか
を知りたい。

☐ ☐ ☐
☐ ☐ **traffic?**

混んでる？（交通量）

A 正解はこちら。

イズ**デ**ァ　フリィ アクラッ　チュ**エ**ィン
Is there a 3 o'clock train?

「o'clock」は「オクロッ」より「アクラッ」のほうがネイティブっぽい

3時の電車ある？

❶ 時刻の表し方：「〜秒」はsecond（セクンッ）、「〜分」はminute（ミニッ）、「〜時」はo'clock（アクラッ）と表現する。

イズ**デ**ァ　プ**ア**ーゾルン
Is there a problem?

「ン」のあとはくちびるを閉じて軽く発音

何か問題があるの？

イズ**デ**ァ　**ル**ーン　ス**ァ**ーヴィス
Is there room service?

「ン」のあとはくちびるを閉じて軽く発音

ルームサービスある？

❶ 「service」は「サービス」より「スァーヴィス」のほうが通じる。

イズ**デ**ァ　ロァラ　チュ**ア**ーフィッ
Is there a lot of traffic?

「c」の音は「ッ」に置き換える

混んでる？（交通量）

❶ 「a lot of」はつなげて発音する。

イズデア　　プレイサイキュン　　フエシュナッ

❶ Is there a place I can freshen up?

どこかに化粧室ありますか？

❶「freshen up」とは「化粧直しする」という意味で女性が使う「お手洗い」の遠回しな言い方。

イズデア　**タ**ークスィ　スターヌラウン　　ヒゥ

❷ Is there a taxi stand around here?

この辺りにタクシー乗り場がありますか？

❶アメリカで「タクシー乗り場」のことを「taxi stand」と言い、イギリスでは「taxi rank」が一般的。

イズデア　**ハ**ーズビロー　ニウバイ　インケイソ　**ヴィム**ージュンスィーズ

❸ Is there a hospital nearby in case of emergencies?

緊急事態のとき、近くに病院がありますか？

❶「in case」は「～の場合に備えて」や「もし～なら」など、内容によって様々な使い方がある。

イズデア　ミュー**ズ**イウン　ウォーフ　**ヴィ**ズィリン　インダスィリ

❹ Is there a museum worth visiting in the city?

市内で良い美術館がありますか？

❶「worth visiting」とは「訪れる価値がある」という意味。

イズデア　グッ　**ベ**イクイ　ウェアイキュンバイ　フエッシュブエッ

❺ Is there a good bakery where I can buy fresh bread?

焼きたてのパンが買えるおいしいパン屋がある？

❶「パン屋」のことを「bakery」と言うが、パン以外にケーキ類を売っているお店も「bakery」と言う。

イズデア　ア**ネ**イティーエンニゥバイ　ウェアアイキュン　ウィッフジョア　キャッシュ

❻ Is there an ATM nearby where I can withdraw cash?

近くにお金が下ろせるATMがありますか？

❶引き出しは「withdraw」と言って、入金は「deposit」と表現する。

イズデア　プ**レ**イグラウン　フキッズ　ニゥバイ

❼ Is there a playground for kids nearby?

近くに子ども用の遊び場がありますか？

❶「playground」は遊具がある公園で、「park」は自然を楽しむことを目的とした公園。

イズデア　トゥイス　インフ**メ**イシュンセヌー　　ヒゥ

❽ Is there a tourist information center here?

ここに観光案内所がありますか？

❶「観光案内所」は「tourist information center」または「tourist information office」を使う。

---

⑨ **Is there a local market that sells fresh produce near here?**

イズデア　　ロゥコー　**マ**ーゥケッ　ダッセォズ　フエッシュプ**ロ**ーデュース　ニゥヒゥ

この近くに新鮮な農産物を売っている地方市場がありますか?

❶「直売所」のことをよく「farmer's market」と言う。

---

⑩ **Is there a good place to watch the sunset?**

イズデア　　グップレイス　　タワッチュ　　ダ**サ**ンセッ

夕日が眺められるよいスポットはありますか?

❶「日の出」のことは「sunrise」と言う。

---

⑪ **Is there a chance of rain later today?**

イズデア　　チャンソ　**ル工**ィン　レイルー　トゥレイ

今日この後、雨が降る可能性はある?

❶「今日の降水確率は50％」のことを「There's a 50% chance of rain today」と表現できる。

---

⑫ **Is there anything I can help you with?**

イズデゥ　　エニフィン　アイキュン　**へ**ォピュ　ウィッフ

何かお役に立てることがありますか?

❶「Can I help you?」でもOK。

---

⑬ **Is there an alternative route we can take?**

イズデア　　ナォトゥーナリヴ　**ル**ートゥ　ウィキュン　テイッ

われわれが取れる別のルートがありますか?

❶「alternative」は「代わりの」や「別の」という意味。

---

⑭ **Is there a policy for cancellations or refunds?**

イズデア　**パ**ーリスィ　フキャンス**レ**イシュンゾ　**ル**イーファンズ

キャンセルや払い戻しに関する方針がありますか?

❶商品が返金可能のことを「refundable」と言い、返金不可能のことを「non refundable」と言う。

 ちょっとひといき

北米では「How are you?」は「Hello.」を意味することが多く、ごく普通のあいさつの一種です。学校では、「How are you?」と聞かれたら「I'm fine.」と答えるように教わりますが、ネイティブ同士ではこのやりとりはほとんどありません。「How are you?」と聞かれたら同じように「How are you?」と答えることが多いのです。

STAFF

カバーデザイン	上坊菜々子
本文デザイン&DTP	間野 成（株式会社間野デザイン）
イラスト	たきれい
校正	小縣宏行
編集協力	樋口由夏
英文チェック	Hera Nahm
ナレーション	甲斐ナオミ、水月優希

7日間で英語がペラペラになる カタカナ英会話

2023年12月26日　第1刷発行
2024年 3 月14日　第4刷発行

著　者	甲斐ナオミ
発行人	土屋 徹
編集人	滝口勝弘
編集担当	古川有衣子
発行所	株式会社Gakken
	〒141-8416 東京都品川区西五反田2-11-8
印刷所	中央精版印刷株式会社

●この本に関する各種お問い合わせ先
本の内容については、下記サイトのお問い合わせフォームよりお願いします。
https://www.corp-gakken.co.jp/contact/
• 在庫については　Tel 03-6431-1199（販売部）
• 不良品（落丁、乱丁）については Tel 0570-000577
　学研業務センター 〒354-0045 埼玉県入間郡三芳町上富279-1
• 上記以外のお問い合わせは Tel 0570-056-710（学研グループ総合案内）

学研グループの書籍・雑誌についての新刊情報・詳細情報は、下記をご覧ください。
学研出版サイト　https://hon.gakken.jp/